훈민정음 제자원리에 의한
10일 한글 바른 글씨 쓰기

글·그림 **홍 솔**

바른 글씨, 바른 마음
예쁜 글씨, 예쁜 마음
글씨는 마음의 창

순서 및 확인

단계	쪽 수	월 일	확 인
준비 - 선긋기	4 ~ 5		
1. 기본 자음	6 ~ 7		
2. 기본 모음	8 ~ 9		
3. 기본 글자	10 ~ 23		
4. 가획	24 ~ 27		
5. 된소리	28 ~ 29		
6. 재출자	30 ~ 31		
7. 받침	33 ~ 35		
8. 비교	36 ~ 39		
9. 복잡한 모음	40 ~ 41		
10. 겹받침	42 ~ 43		
11. 따라 쓰기	44 ~ 47		
12. 색칠하기	48 ~ 70		

준비. 선과 도형 그리기

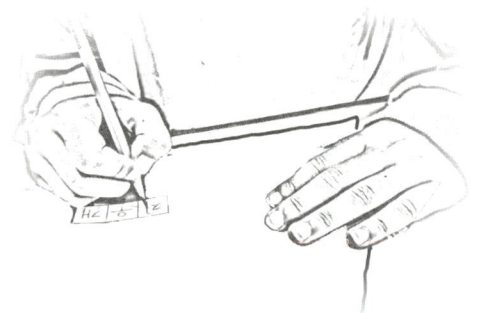

연필 쥐는 법
- 초등학생이 쓰기에는 진한 2B가 적당합니다.
- 어린이들은 필력이 세지 않기 때문에 무른 심을 골라 줍니다.
- 샤프나 볼펜은 쓰지 않습니다.

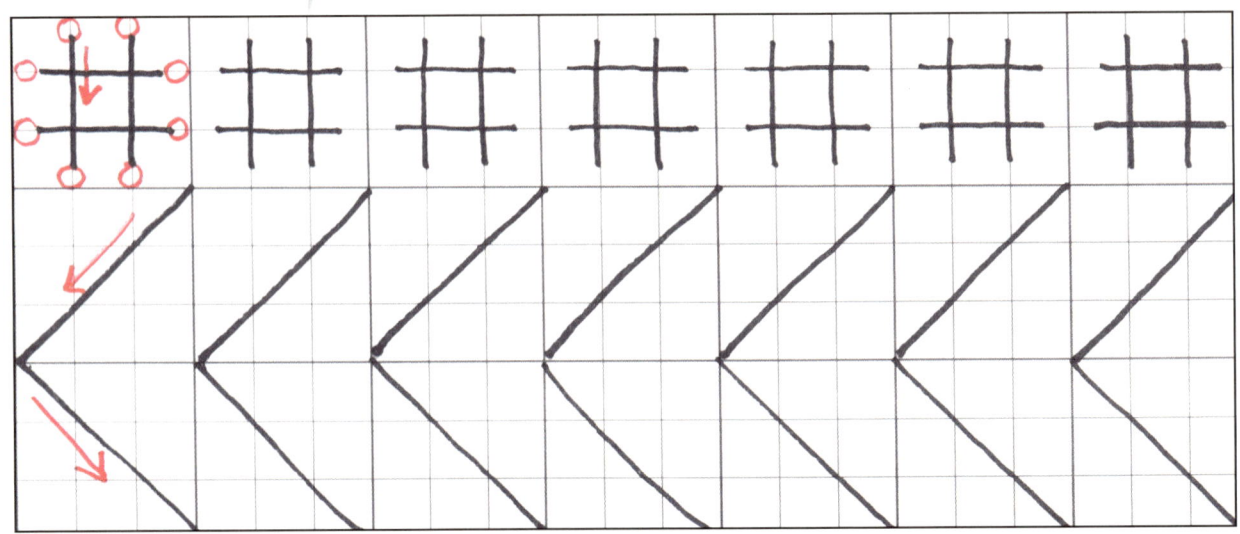

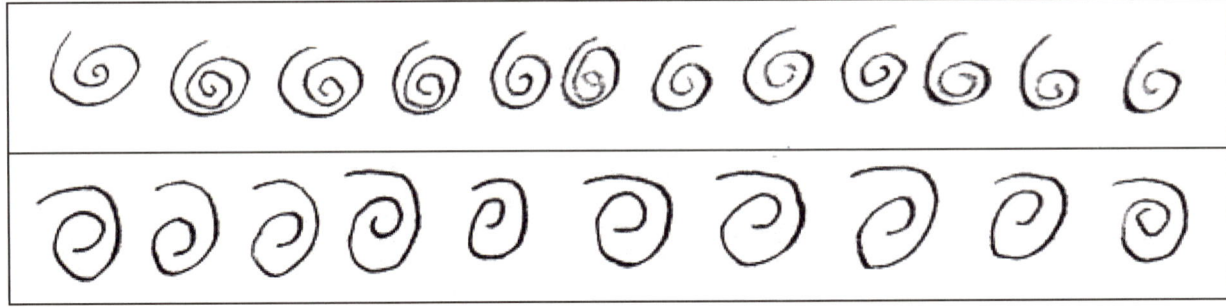

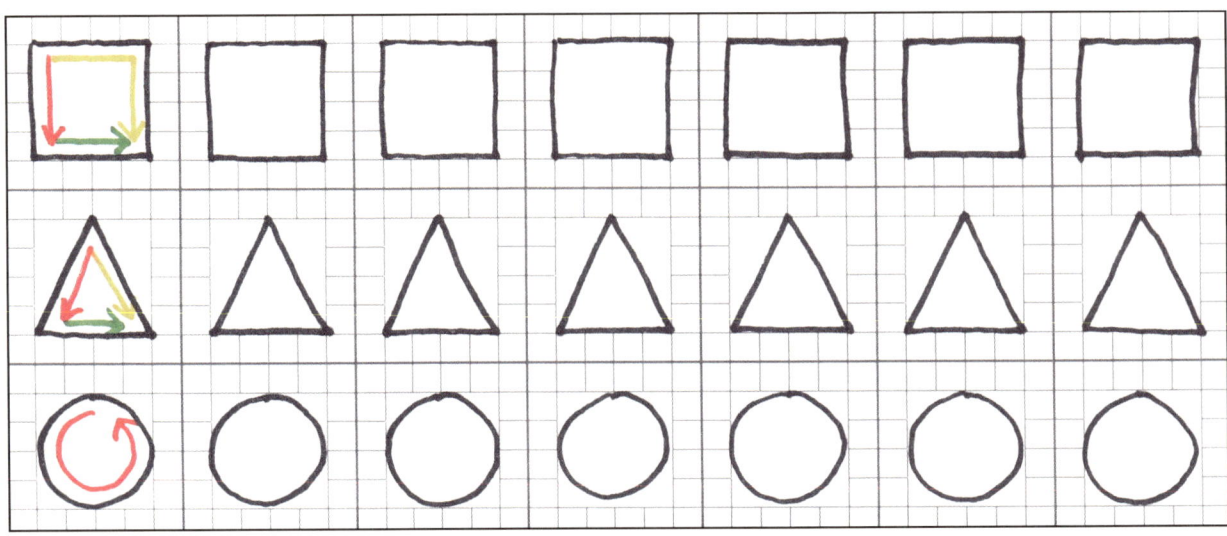

1. 기본 자음 (ㄱㄴㅁㅅㅇ)

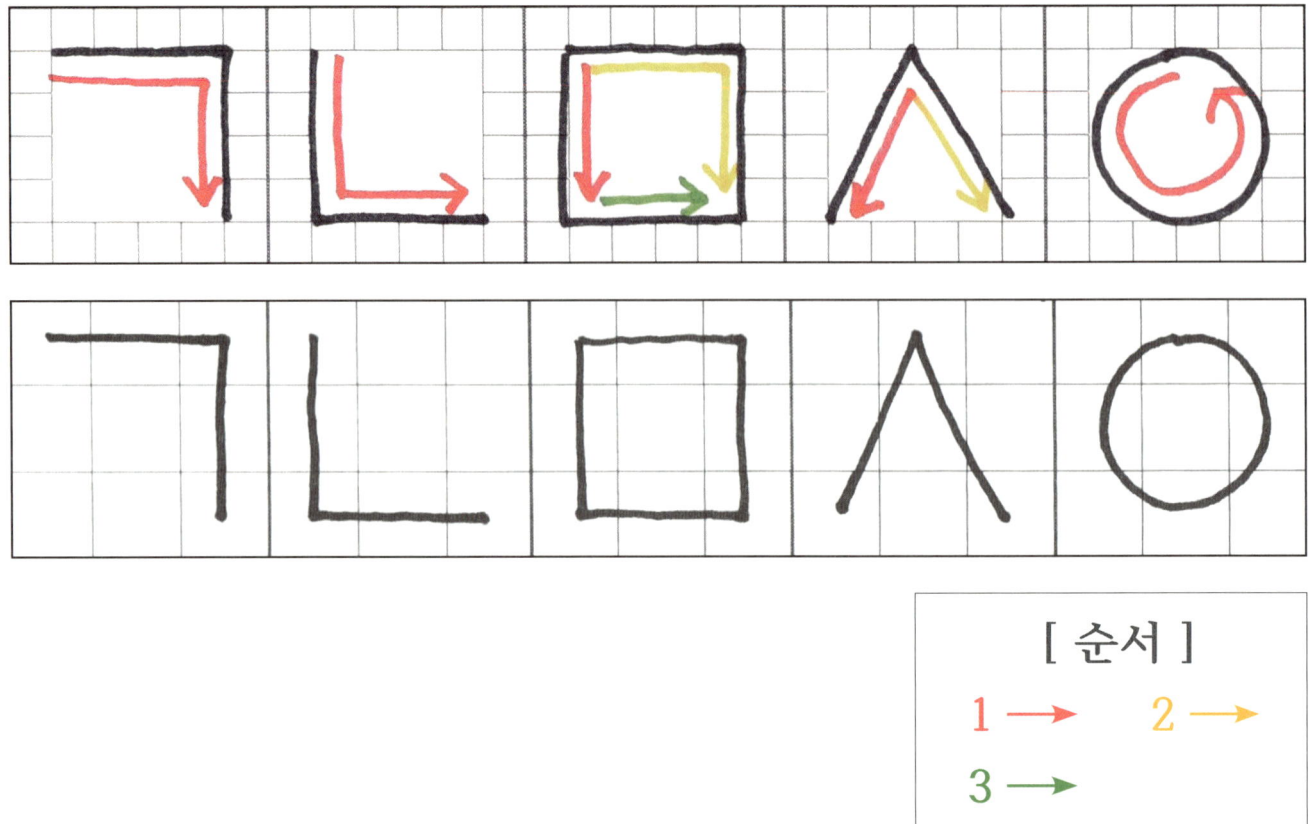

- 한글은 위에서 아래로, 왼쪽에서 오른쪽으로 씁니다.
- 'ㄱ, ㄴ, ㅁ'은 직선으로 그어 줍니다.
  네모 모양을 생각합니다.
- 'ㅅ'은 사선으로 그어 줍니다.
  세모 모양을 생각합니다.
- 'ㅇ'은 동그라미 모양을 생각하며 그어 줍니다.
  처음 시작한 위치에서 끝나야 합니다.
  연필을 떼지 않고 한 번에 그려야 합니다.
  'ㅇ'은 많은 연습을 필요로 합니다.
- 위, 아래, 왼쪽, 오른쪽에 여백을 줍니다.

2. 기본 모음 (ㅡ ㅣ ㅗ ㅏ ㅜ ㅓ)

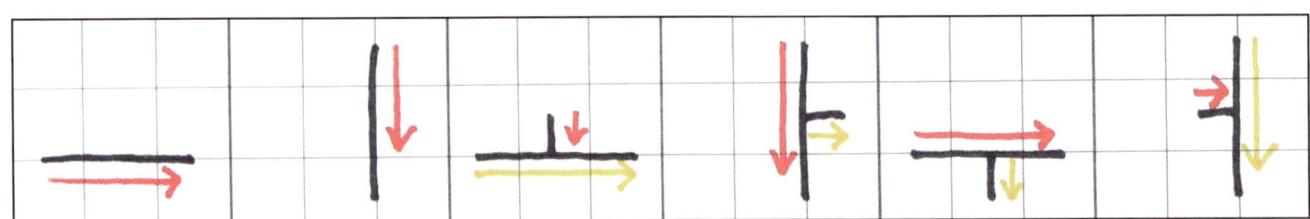

[순서]

1 →　　2 →

- 한글은 위에서 아래로, 왼쪽에서 오른쪽으로 씁니다.
- 땅과 사람의 형상인 'ㅡ, ㅣ'는 길게 긋고 하늘의 둥근 점을 나타내는 획은 짧게 긋습니다.
- 모음의 긴 획을 똑바로 그어 주면 글씨가 반듯해 보입니다.
- 가로선 보다 세로선 곧게 긋기가 더 어려워 세로선 긋기 연습을 더 많이 합니다.
- 위, 아래, 왼쪽, 오른쪽에 여백을 줍니다.

3. 기본 글자 (그느므스으)

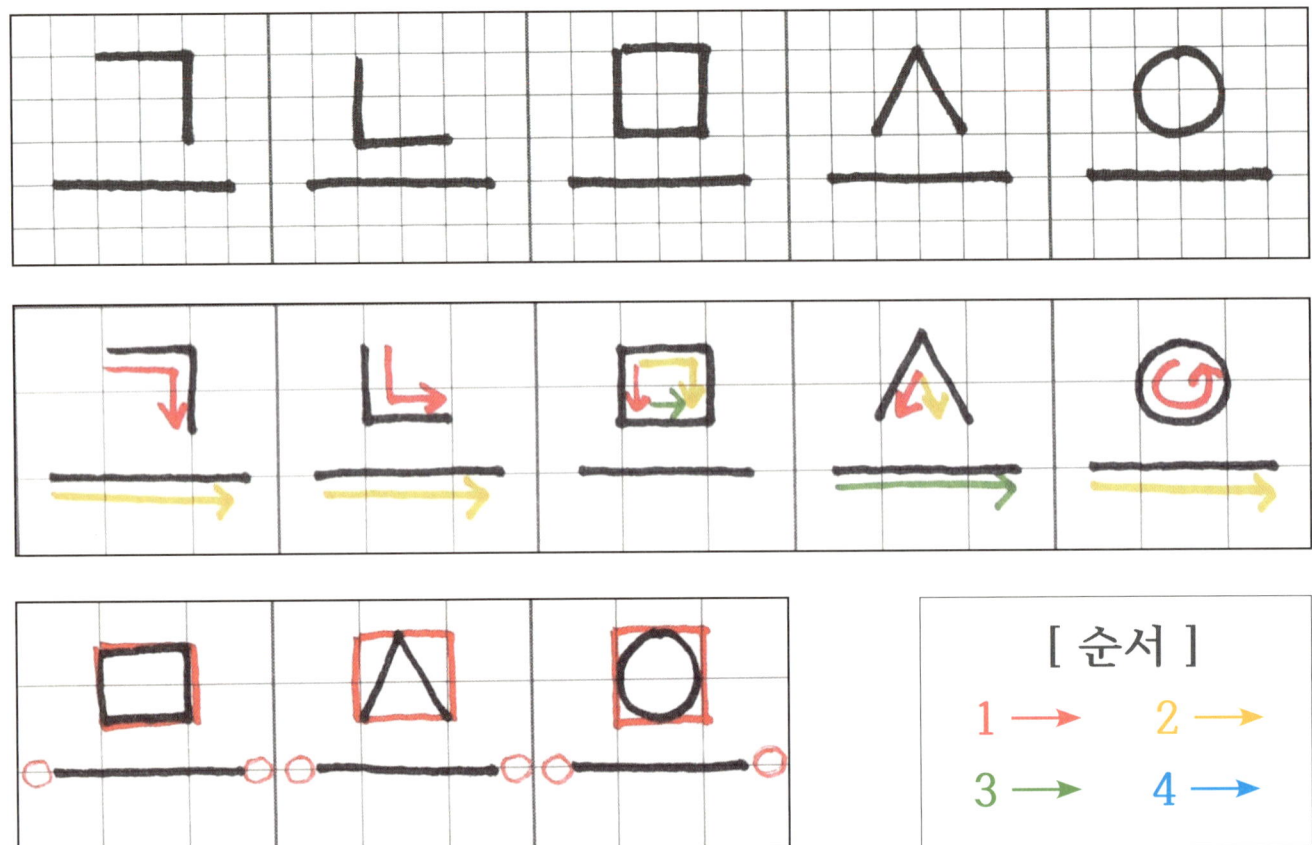

- 한글은 위에서 아래로, 왼쪽에서 오른쪽으로 씁니다.
- 자음은 빨간색 네모 위치에 씁니다.
- 모음은 시작과 끝의 위치를 알고 보조선 따라 곧게 긋습니다.
- '므, 으' 글자는 세로로 접었을 때 포개어져야 합니다.
- '므, 으' 글자를 90도 돌려 '미, 이' 글자를 만들어 봅니다.
- 위, 아래, 왼쪽, 오른쪽에 여백을 줍니다.

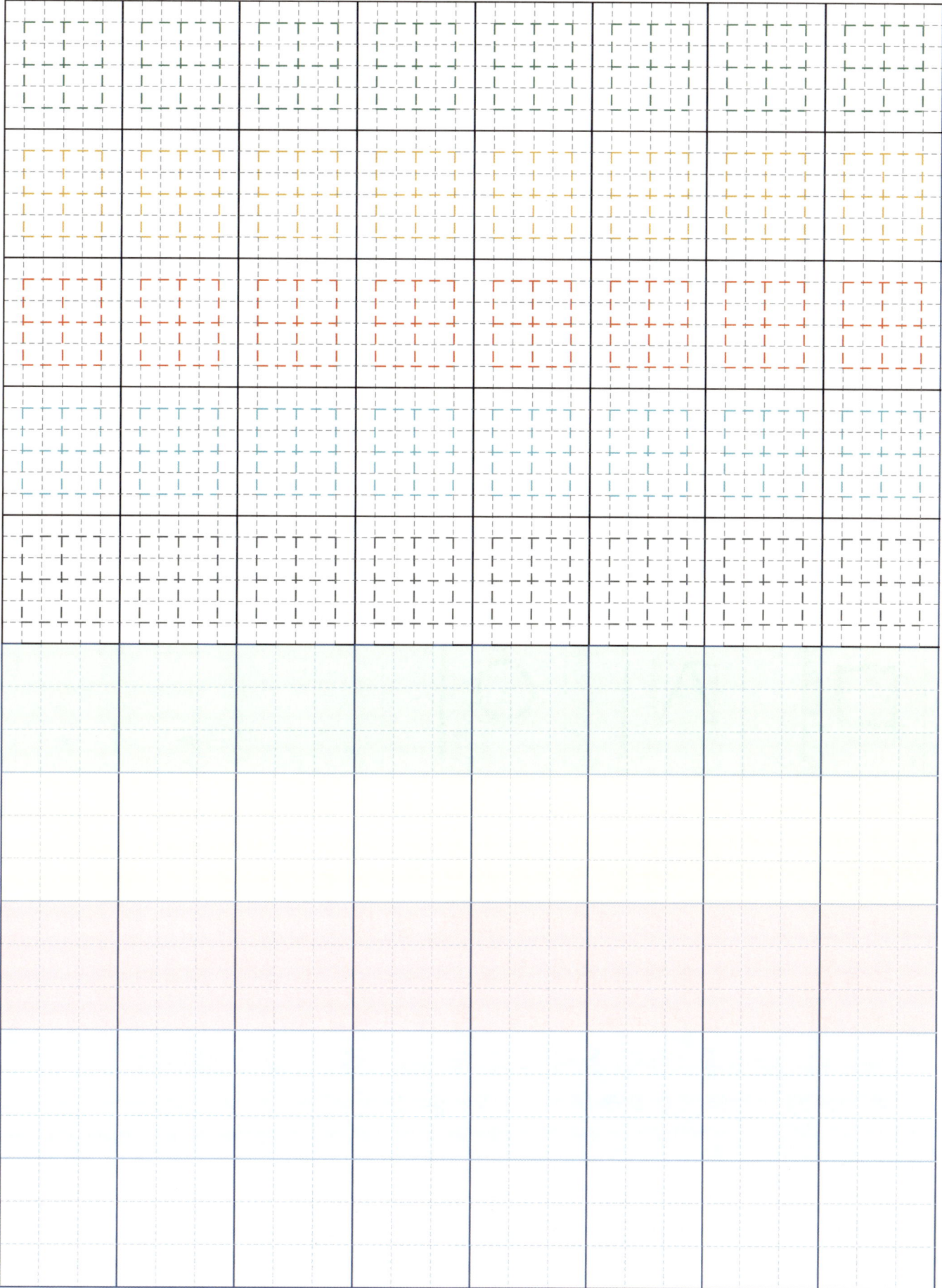

3. 기본 글자 (기니미시이)

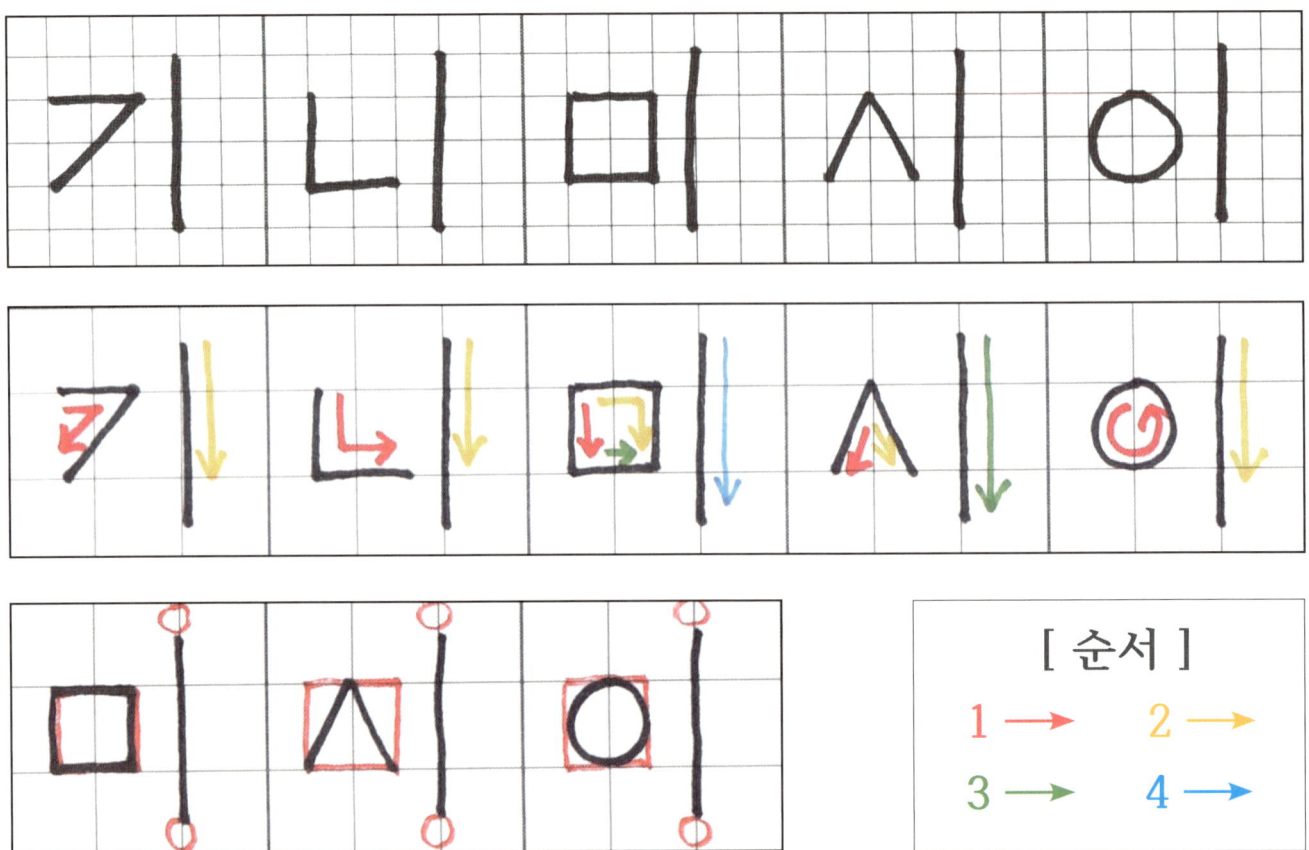

- 한글은 위에서 아래로, 왼쪽에서 오른쪽으로 씁니다.
- 자음은 빨간색 네모 위치에 적으면 됩니다.
- 모음은 시작과 끝의 위치를 알고 보조선 따라 곧게 긋습니다.
- '미, 이' 글자는 가로로 접었을 때 포개어집니다.
- '미, 이' 글자를 90도 돌려 '므, 으' 글자를 만들어 봅니다.
- 위, 아래, 왼쪽, 오른쪽에 여백을 줍니다.

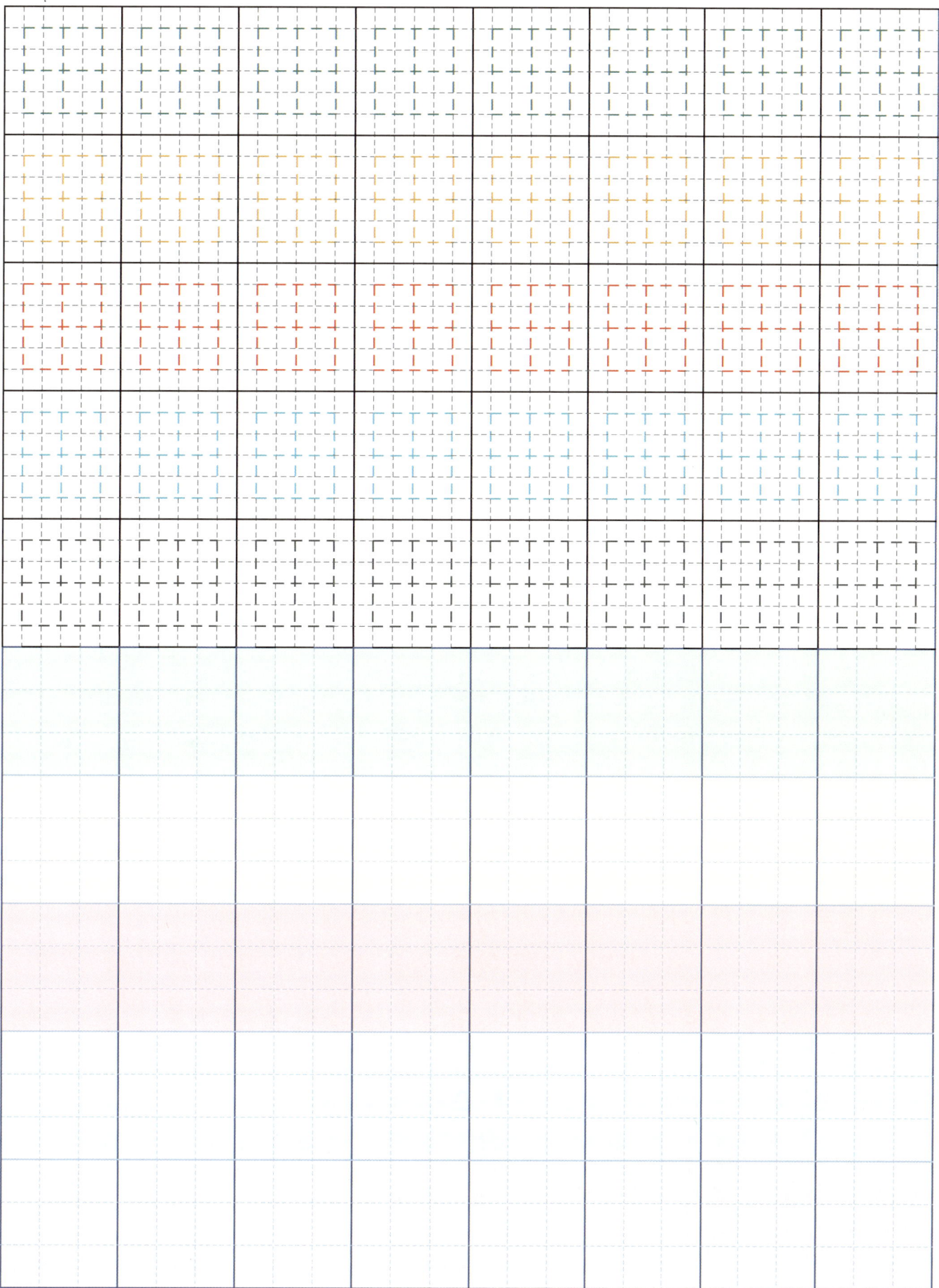

3. 기본 글자 (고노모소오)

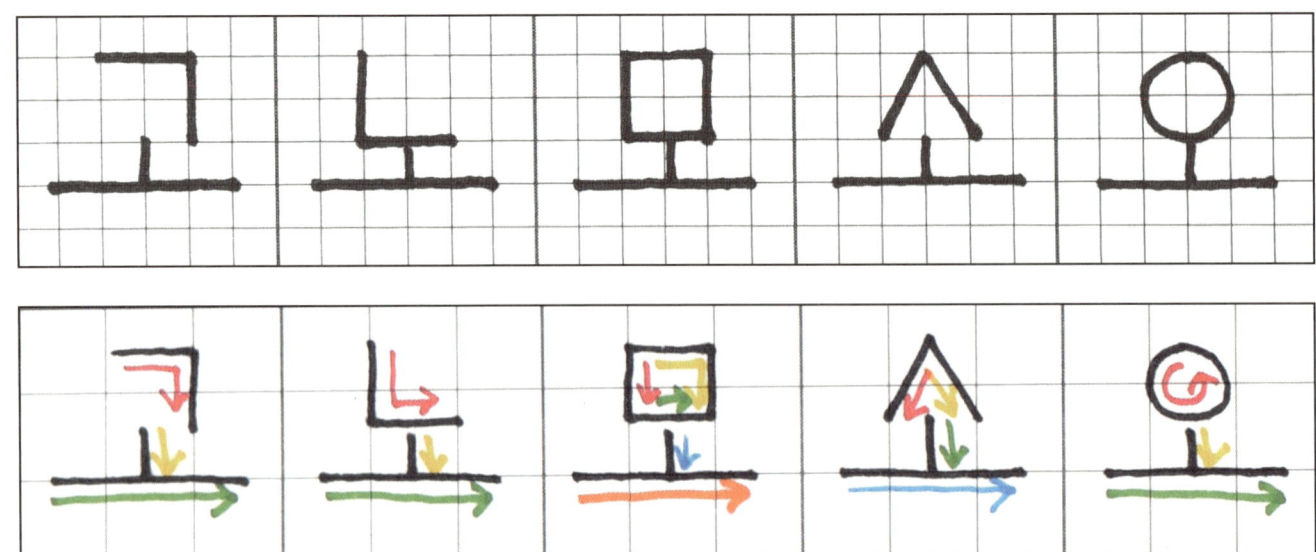

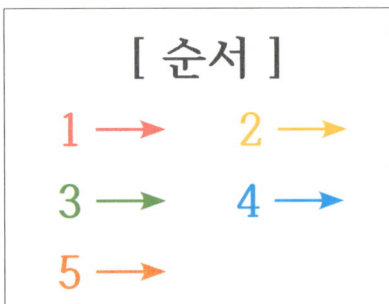

- 한글은 위에서 아래로, 왼쪽에서 오른쪽으로 씁니다.
- '그, 느, 므, 스, 으' 기본을 생각하고 획을 하나 더 그어 준다 생각하면 됩니다. 한글 쓰는 순서는 위에서 아래로 쓰므로 짧은 획을 먼저 긋고 긴 획을 긋습니다.
- '모, 오' 글자는 세로로 접었을 때 포개어집니다.
- '모, 오' 글자를 90도 돌려 '머, 어' 글자를 만들어 봅니다.
- 위, 아래, 왼쪽, 오른쪽에 여백을 줍니다.

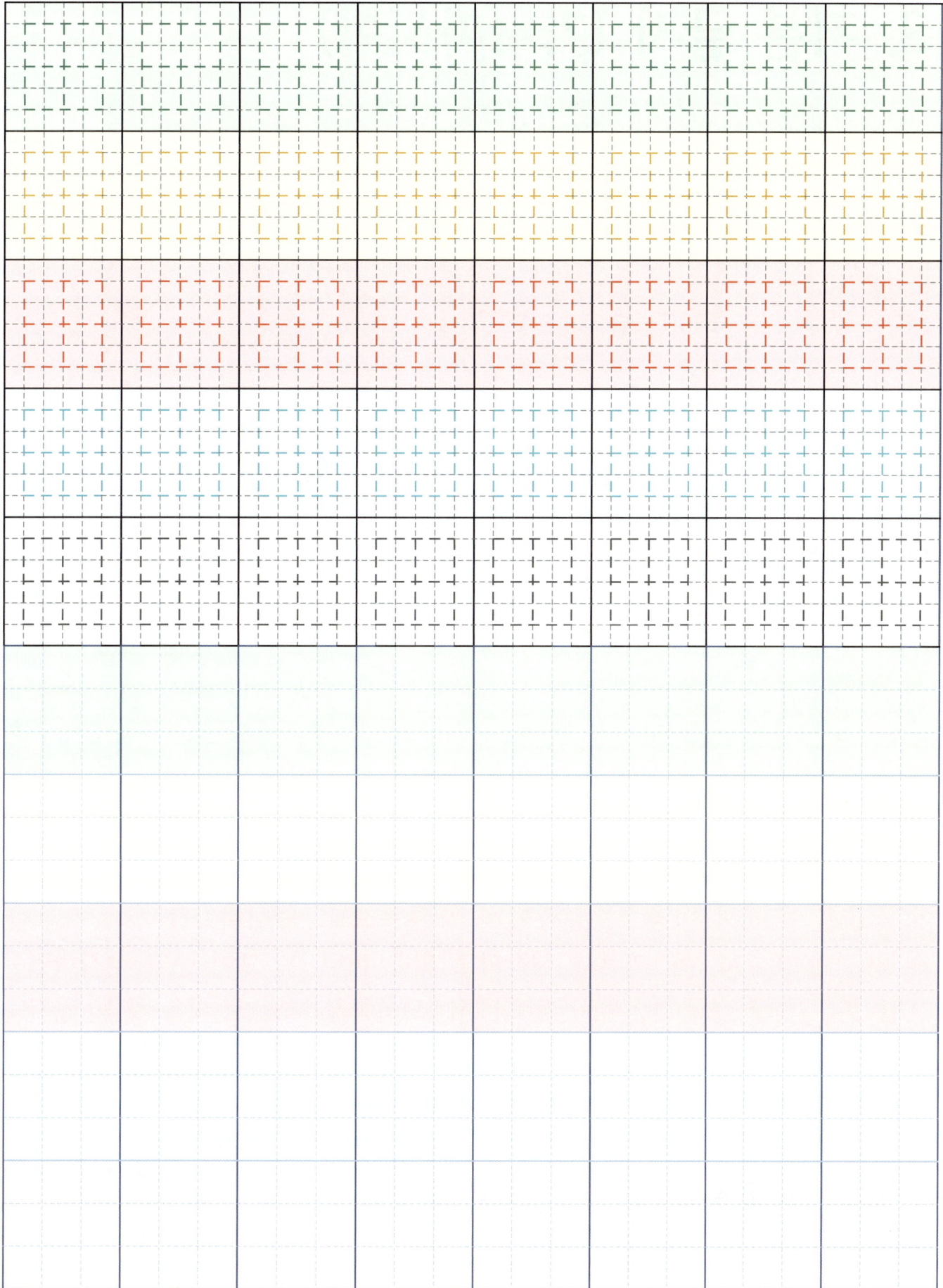

3. 기본 글자 (가나마사아)

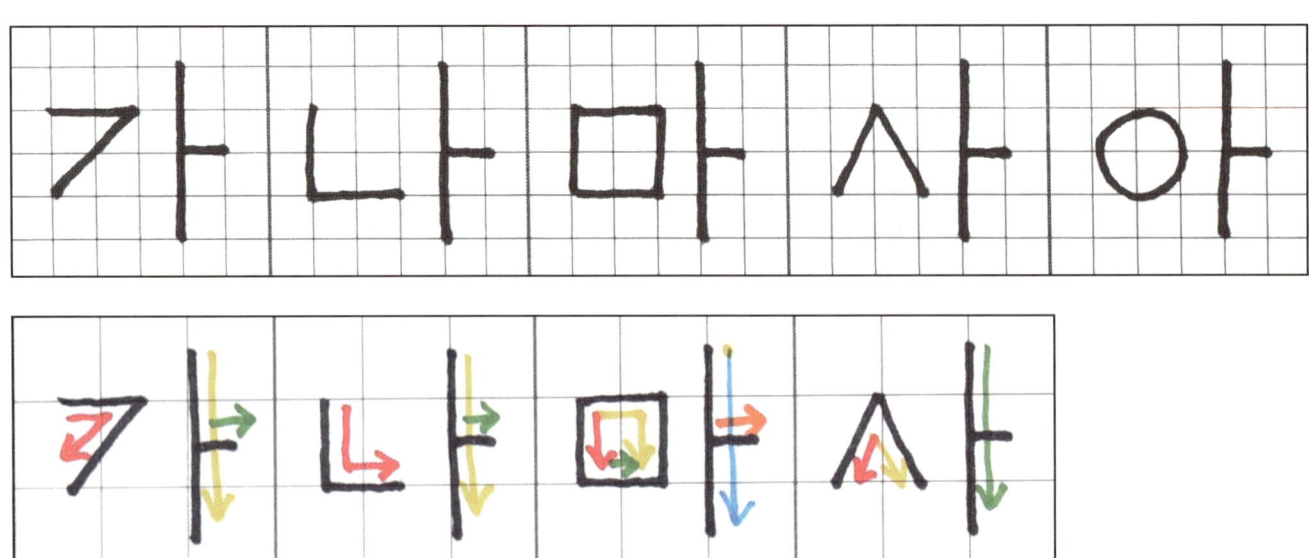

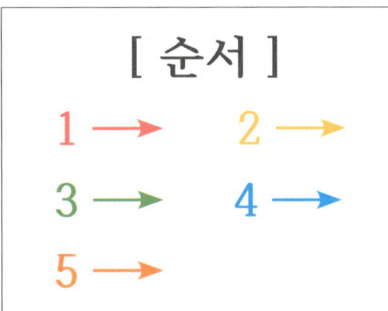

- 한글은 위에서 아래로, 왼쪽에서 오른쪽으로 씁니다.
- '기, 니, 미, 시, 이' 기본을 생각하고 획을 하나 더 그어 준다 생각하면 됩니다. 한글 쓰는 순서는 왼쪽에서 오른쪽로 쓰므로 긴 획을 먼저 긋고 짧은 획을 긋습니다.
- '마, 아' 글자는 가로로 접었을 때 포개어집니다.
- '마, 아' 글자를 90도 돌려 '무, 우' 글자를 만들어 봅니다.
- 위, 아래, 왼쪽, 오른쪽에 여백을 줍니다.

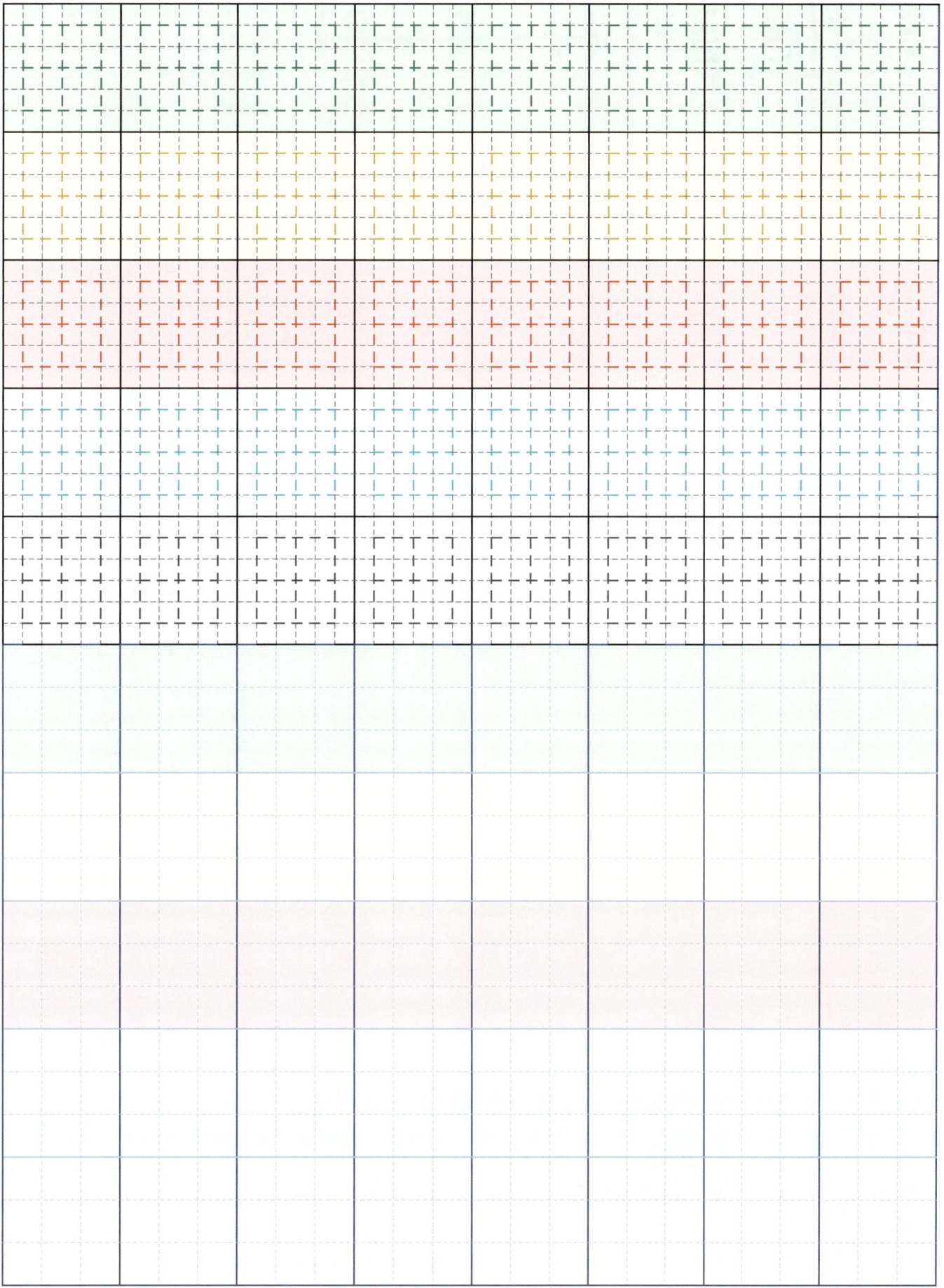

3. 기본 글자 (구누무수우)

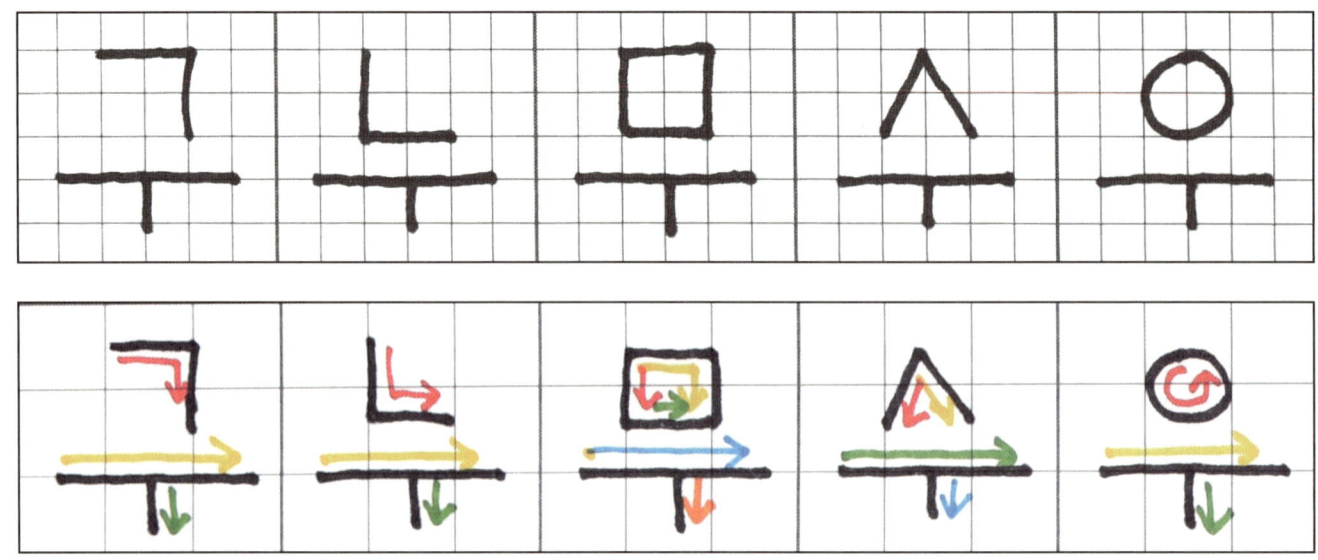

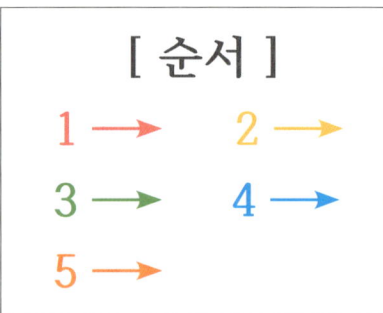

- 한글은 위에서 아래로, 왼쪽에서 오른쪽으로 씁니다.
- '그, 느, 므, 스, 으' 기본을 생각하고 획을 하나 더 그어 준다 생각하면 됩니다. 한글 쓰는 순서는 위에서 아래로 쓰므로 긴 획을 먼저 긋고 짧은 획을 긋습니다.
- '무, 우' 글자는 세로로 접었을 때 포개어집니다.
- '무, 우' 글자를 90도 돌려 '마, 아' 글자를 만들어 봅니다.
- 위, 아래, 왼쪽, 오른쪽에 여백을 줍니다.

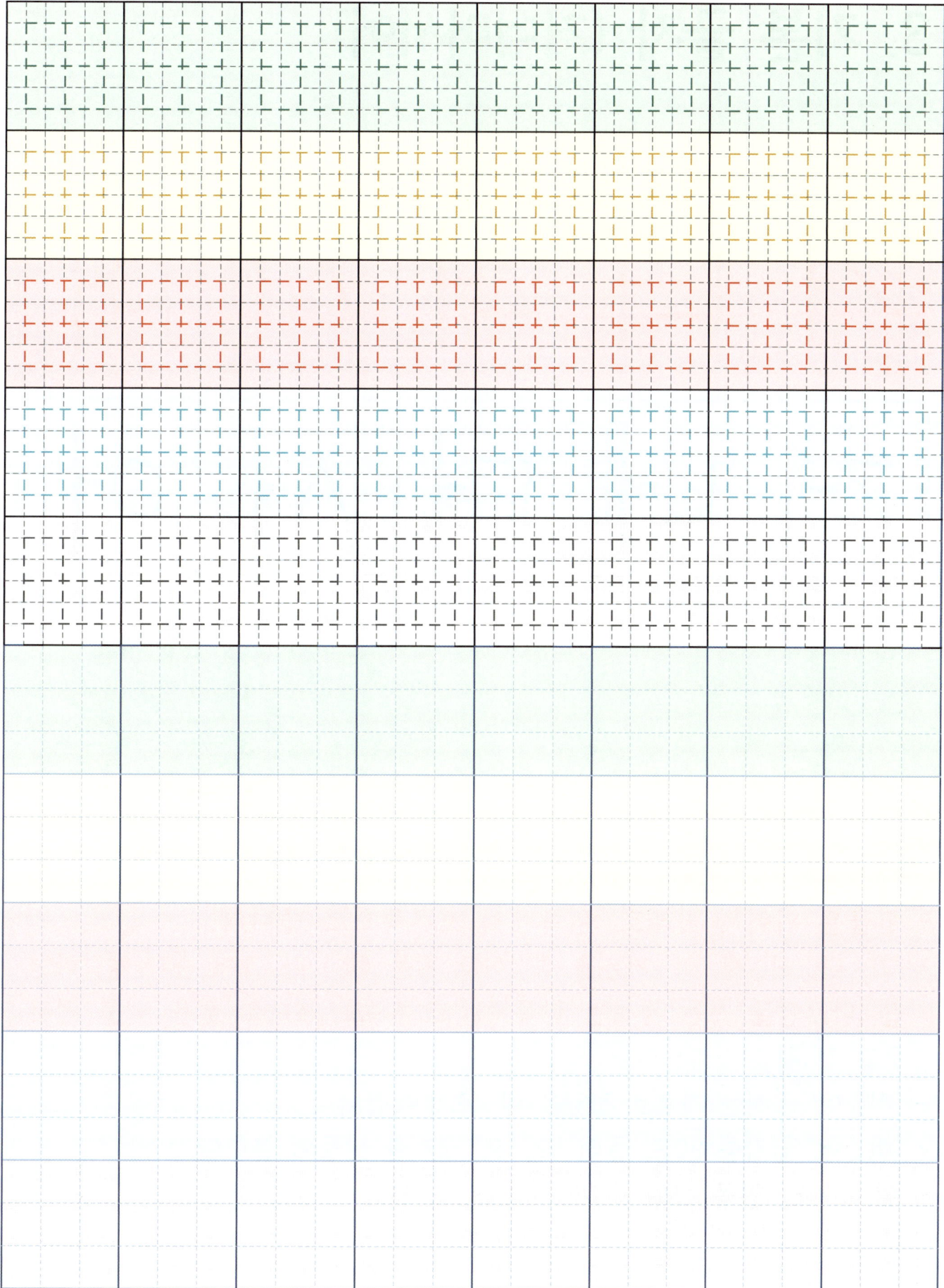

3. 기본 글자 (거너머서어)

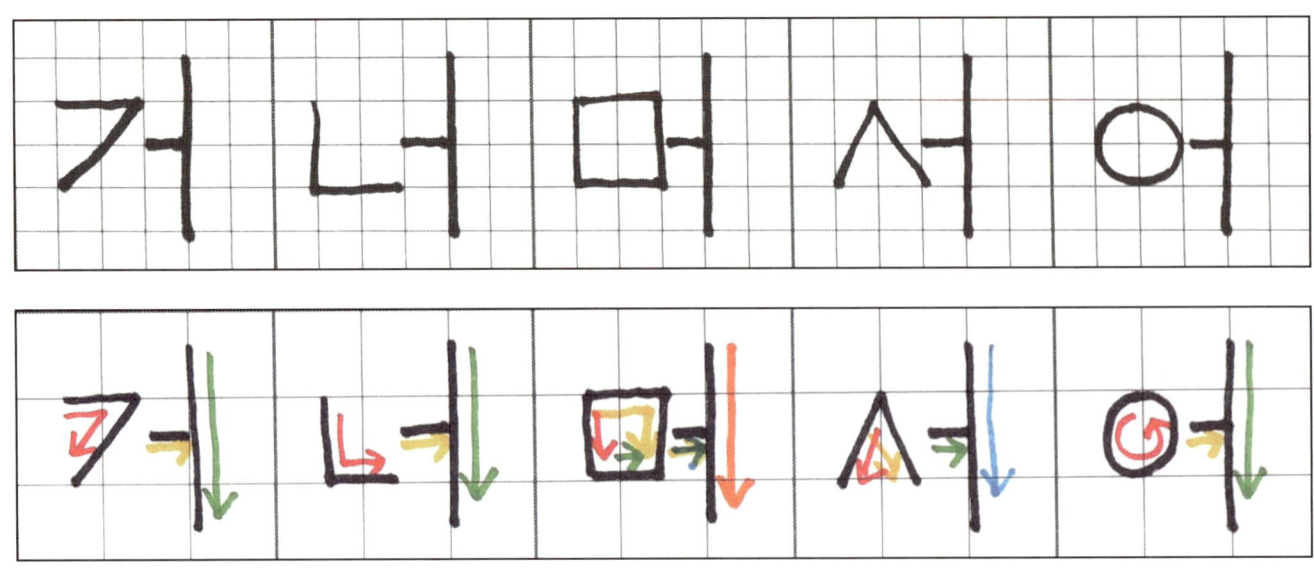

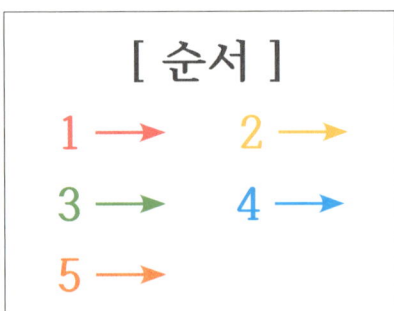

[순서]
1 →   2 →
3 →   4 →
5 →

- 한글은 위에서 아래로, 왼쪽에서 오른쪽으로 씁니다.
- '기, 니, 미, 시, 이' 기본을 생각하고 획을 하나 더 그어 준다 생각하면 됩니다. 한글 쓰는 순서는 왼쪽에서 오른쪽로 쓰므로 짧은 획을 먼저 긋고 긴 획을 긋습니다.
- '머, 어' 글자는 가로로 접었을 때 포개어집니다.
- '머, 어' 글자를 90도 돌려 '모, 오' 글자를 만들어 봅니다.
- 위, 아래, 왼쪽, 오른쪽에 여백을 줍니다.

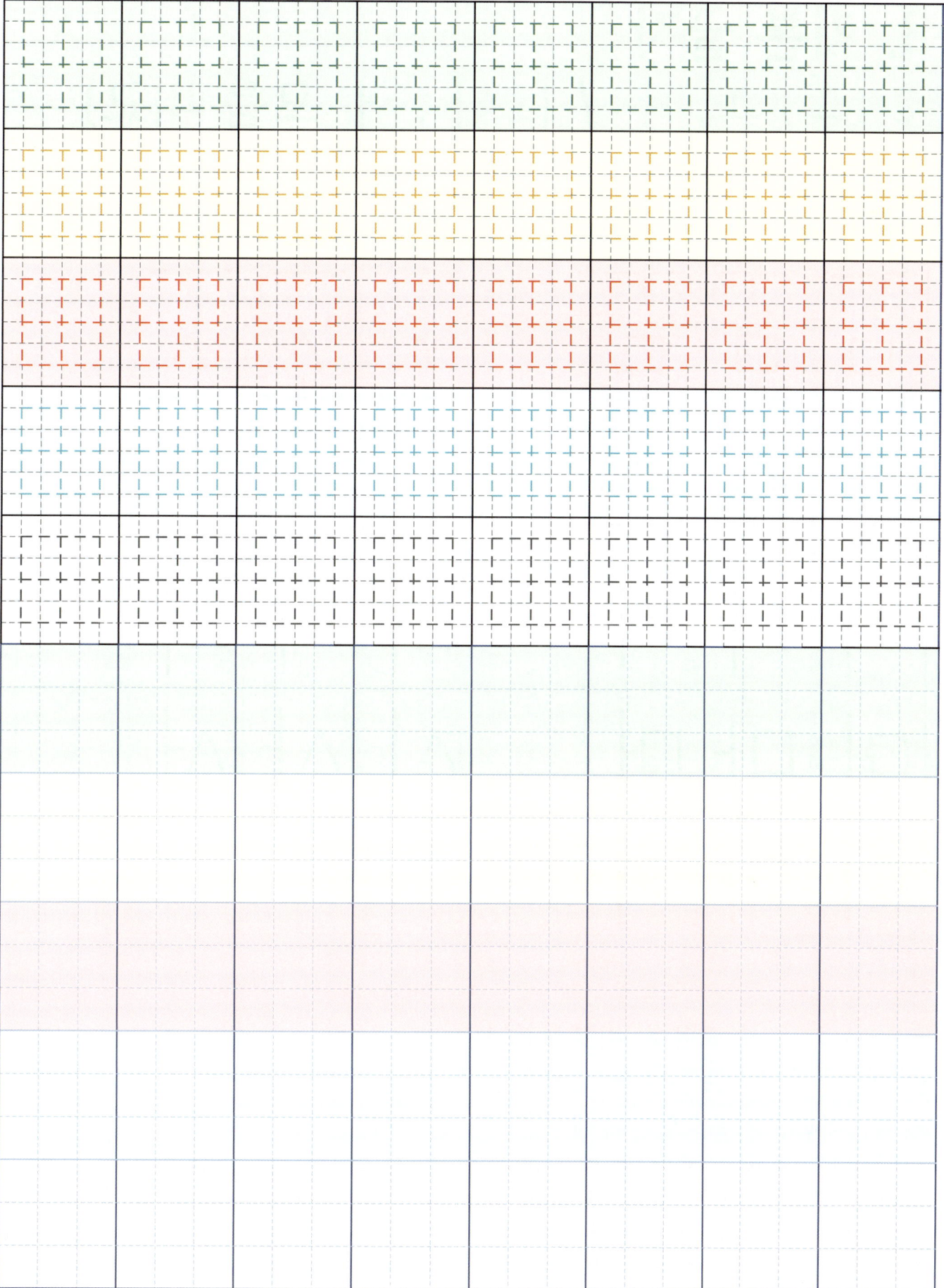

3. 기본 글자
(ㅡ, ㅗ, ㅜ / ㅣ, ㅏ, ㅓ 모음 비교)

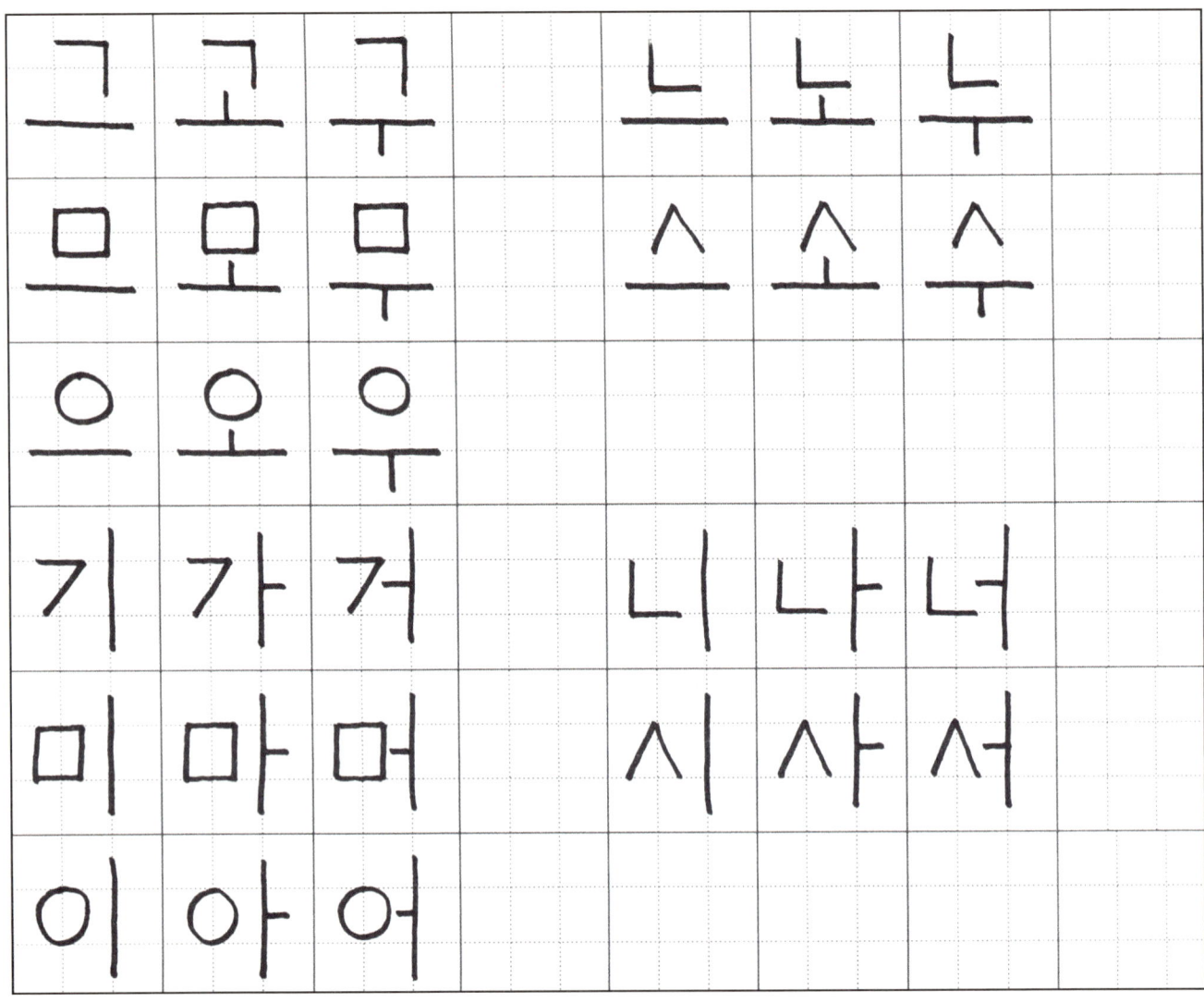

- 'ㅡ, ㅗ, ㅜ' 모음을 비교해봅니다.
- 'ㅣ, ㅏ, ㅓ' 모음을 비교해봅니다.
- 위, 아래, 왼쪽, 오른쪽에 여백을 줍니다.

4. 가획 ('ㅡ'모음)

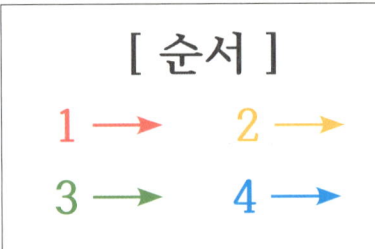

- 가획 원리는 기본 글자에서 획을 더하는 것인데 한글 쓰기는 가획 원리로 쓰는 게 아니라 쓰는 규칙이 있습니다.
  위에서 아래로, 왼쪽에서 오른쪽으로 씁니다.
- 'ㅌ'는 쓰는 순서가 틀리기 쉬운 자음입니다. =형태로 가로획 두 줄을 먼저 써주고 'ㄴ'으로 감싸 줍니다.
  더 많이 연습합니다.
- 'ㅂ'는 쓰는 순서가 틀리기 쉬운 자음입니다. ㅣㅣ형태로 세로획 두 줄을 먼저 써주고 가로획을 위에서 아래로 차례대로 써줍니다.
  더 많이 연습합니다.
- 위, 아래, 왼쪽, 오른쪽에 여백을 줍니다.

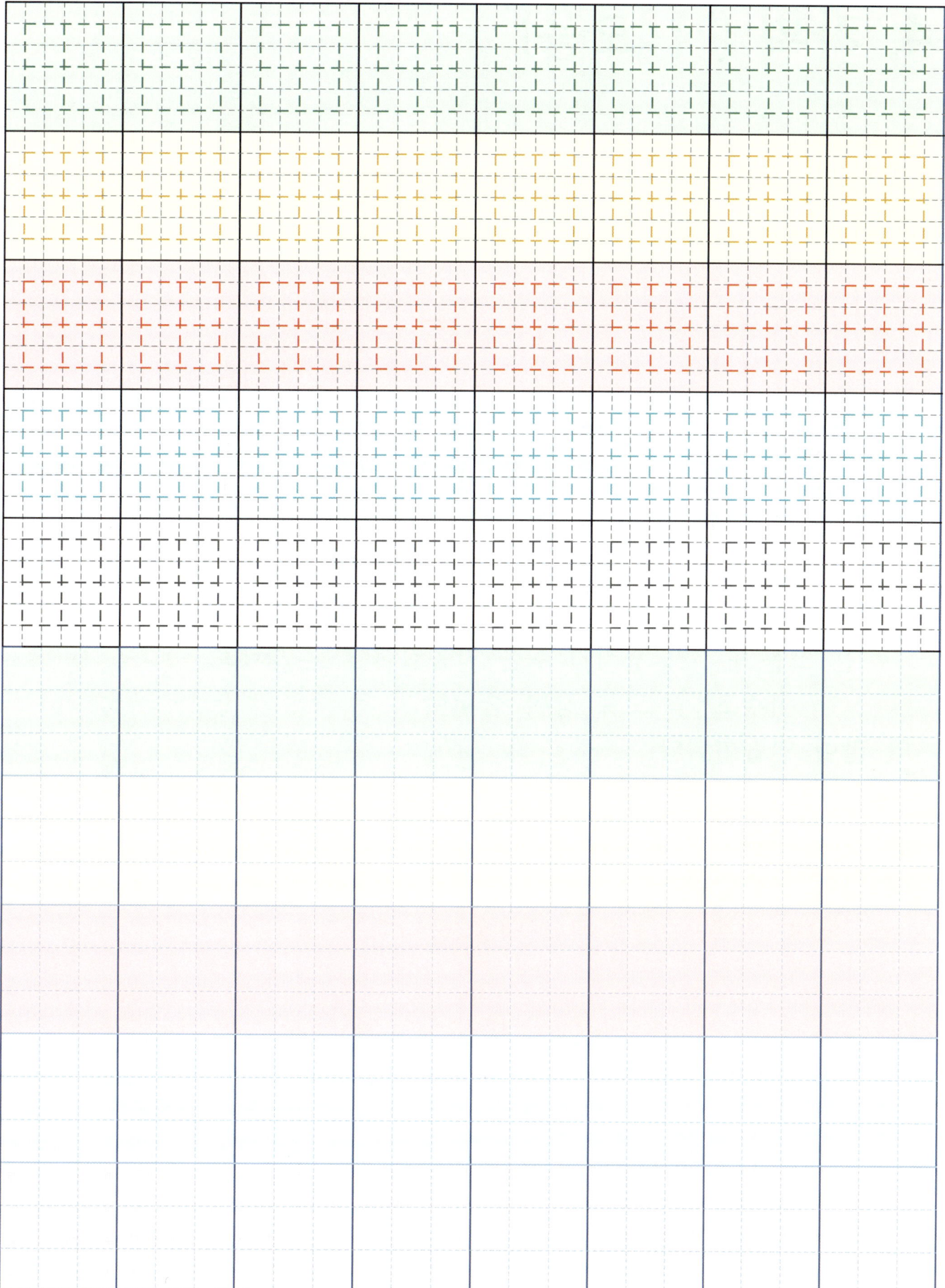

4. 가획 ('ㅣ'모음)

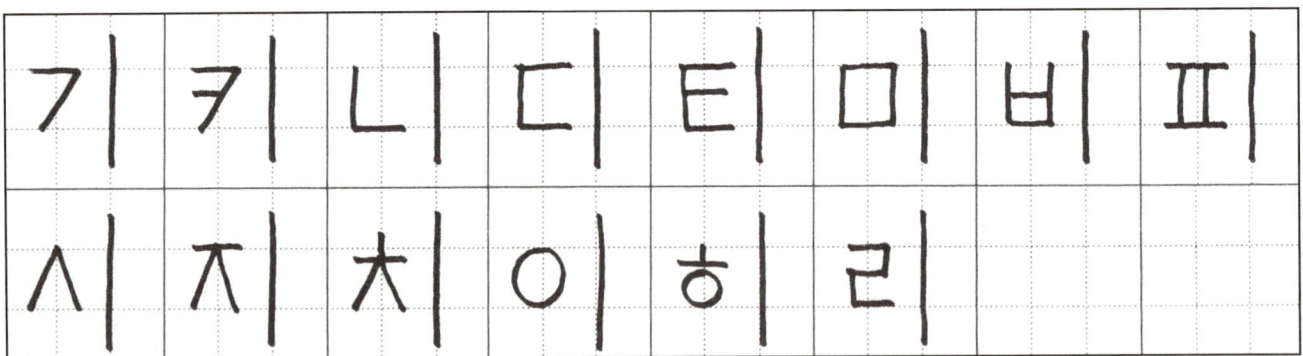

- 가획 원리는 기본 글자에서 획을 더하는 것인데 한글 쓰기는 가획 원리로 쓰는 게 아니라 쓰는 규칙이 있습니다.
 위에서 아래로, 왼쪽에서 오른쪽으로 씁니다.
 24쪽을 참고하세요.
- 'ㅌ'는 쓰는 순서가 틀리기 쉬운 자음입니다. =형태로 가로획 두 줄을 먼저 써주고 'ㄴ'으로 감싸 줍니다.
 더 많이 연습합니다.
- 'ㅂ'는 쓰는 순서가 틀리기 쉬운 자음입니다. ㅣㅣ형태로 세로획 두 줄을 먼저 써주고 가로획을 위에서 아래로 차례대로 써줍니다.
 더 많이 연습합니다.
- 위, 아래, 왼쪽, 오른쪽에 여백을 줍니다.

5. 된소리

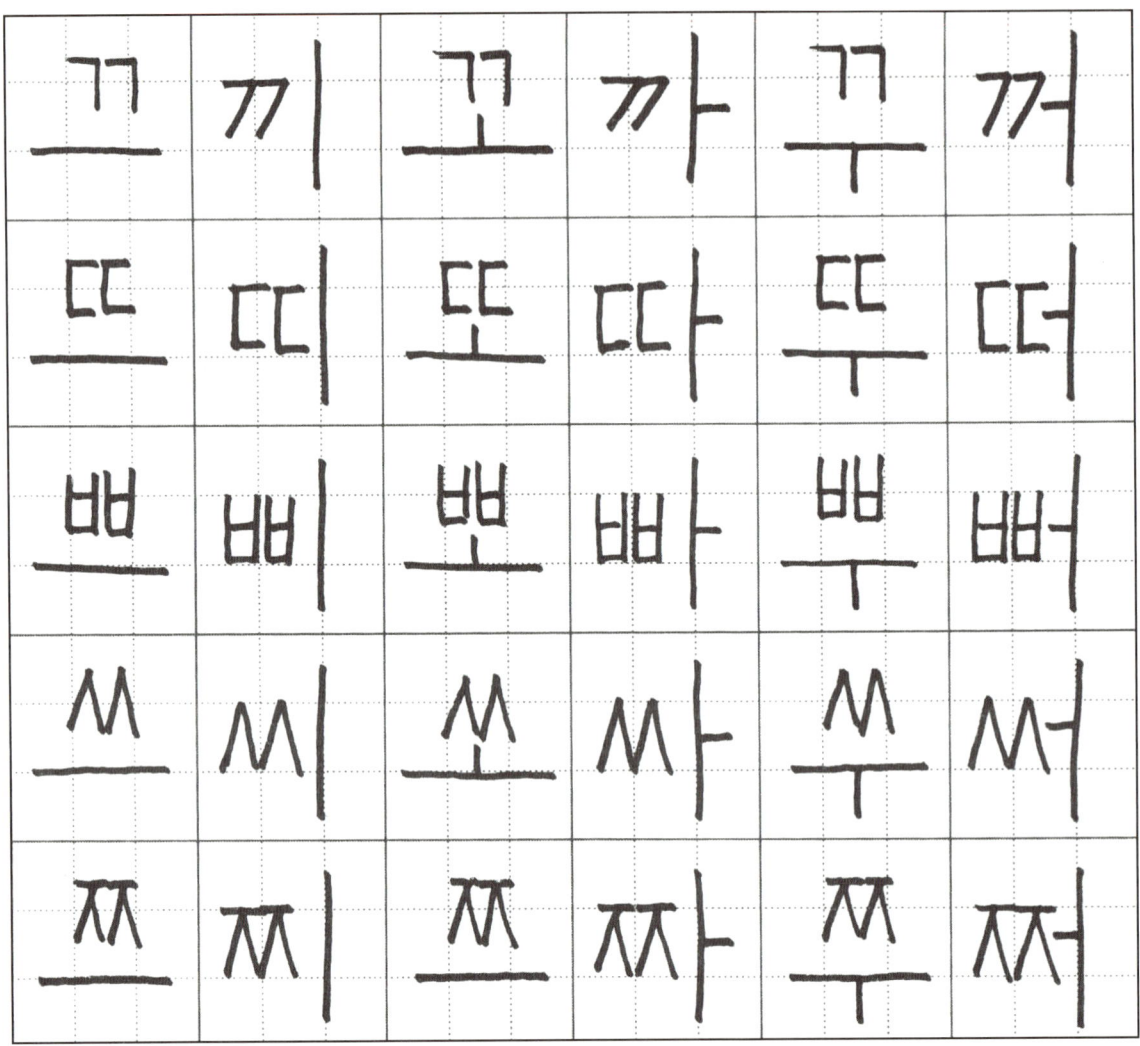

- 한글은 위에서 아래로, 왼쪽에서 오른쪽으로 씁니다.
- 된소리는 자음 2개 적으므로 모양이 세로로 길쭉해집니다.
- 위, 아래, 왼쪽, 오른쪽에 여백을 줍니다.

6. 재출자

- 한글은 위에서 아래로, 왼쪽에서 오른쪽으로 씁니다.
- 하늘에 해당하는 짧은 획 2개는 정중앙에 위치합니다.
- 위, 아래, 왼쪽, 오른쪽에 여백을 줍니다.

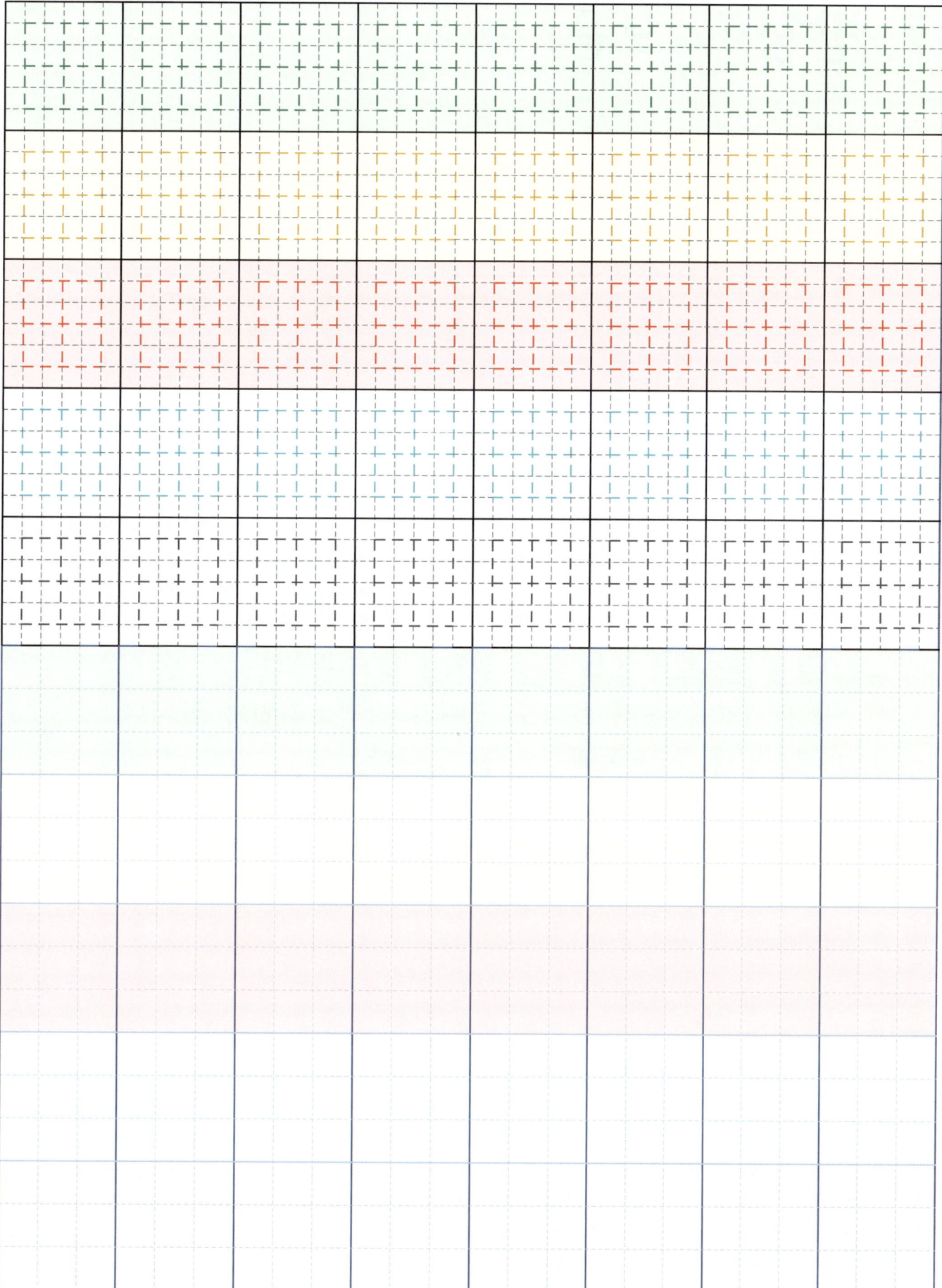

7. 받침 (ㅡ모음)

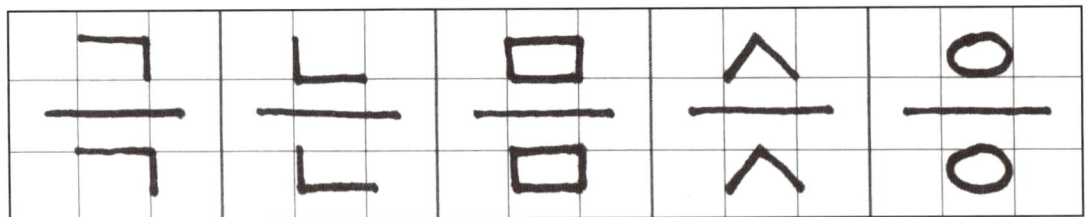

- 한글은 위에서 아래로, 왼쪽에서 오른쪽으로 씁니다.
- 'ㅡ' 모음을 중심으로 초성, 종성 위치를 잘 잡습니다.
- '믐, 응'은 180도 돌려 보아도 글씨가 자연스러워야 합니다.
- 위, 아래, 왼쪽, 오른쪽에 여백을 줍니다.

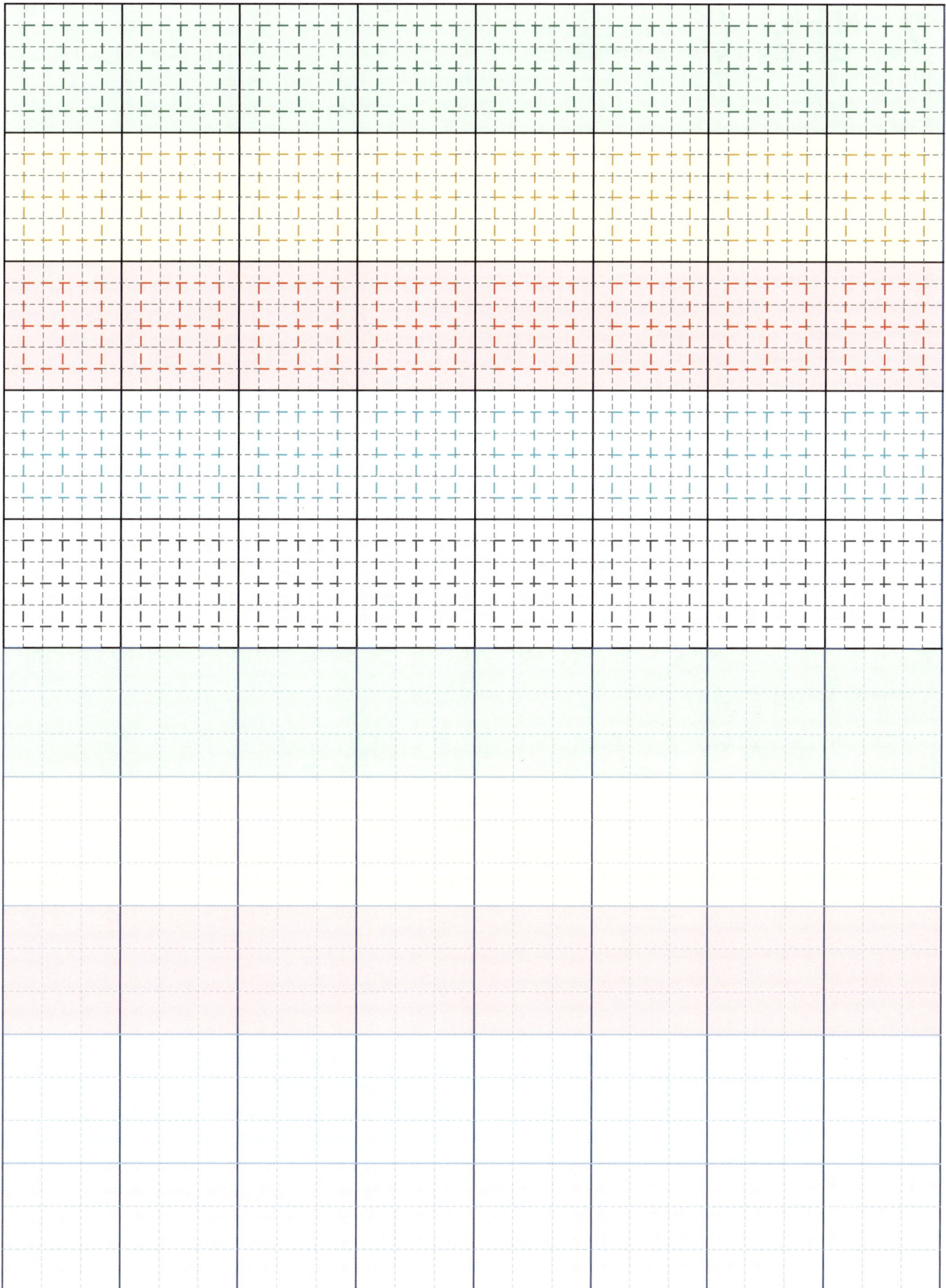

7. 받침 (ㅣ 모음)

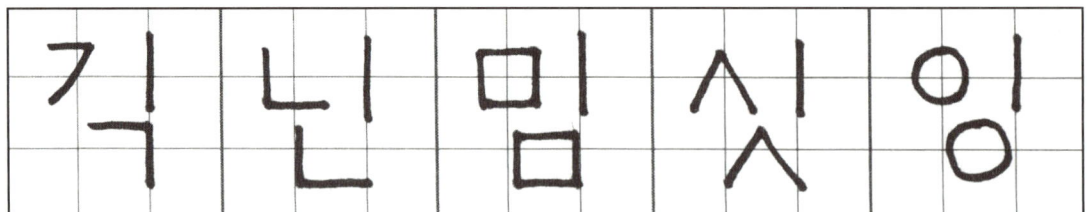

- 한글은 위에서 아래로, 왼쪽에서 오른쪽으로 씁니다.
- 세로 절반 위치에 '기, 니, 미, 시, 이'를 적고 나머지 절반 위치에 받침을 적습니다.
- 위, 아래, 왼쪽, 오른쪽에 여백을 줍니다.

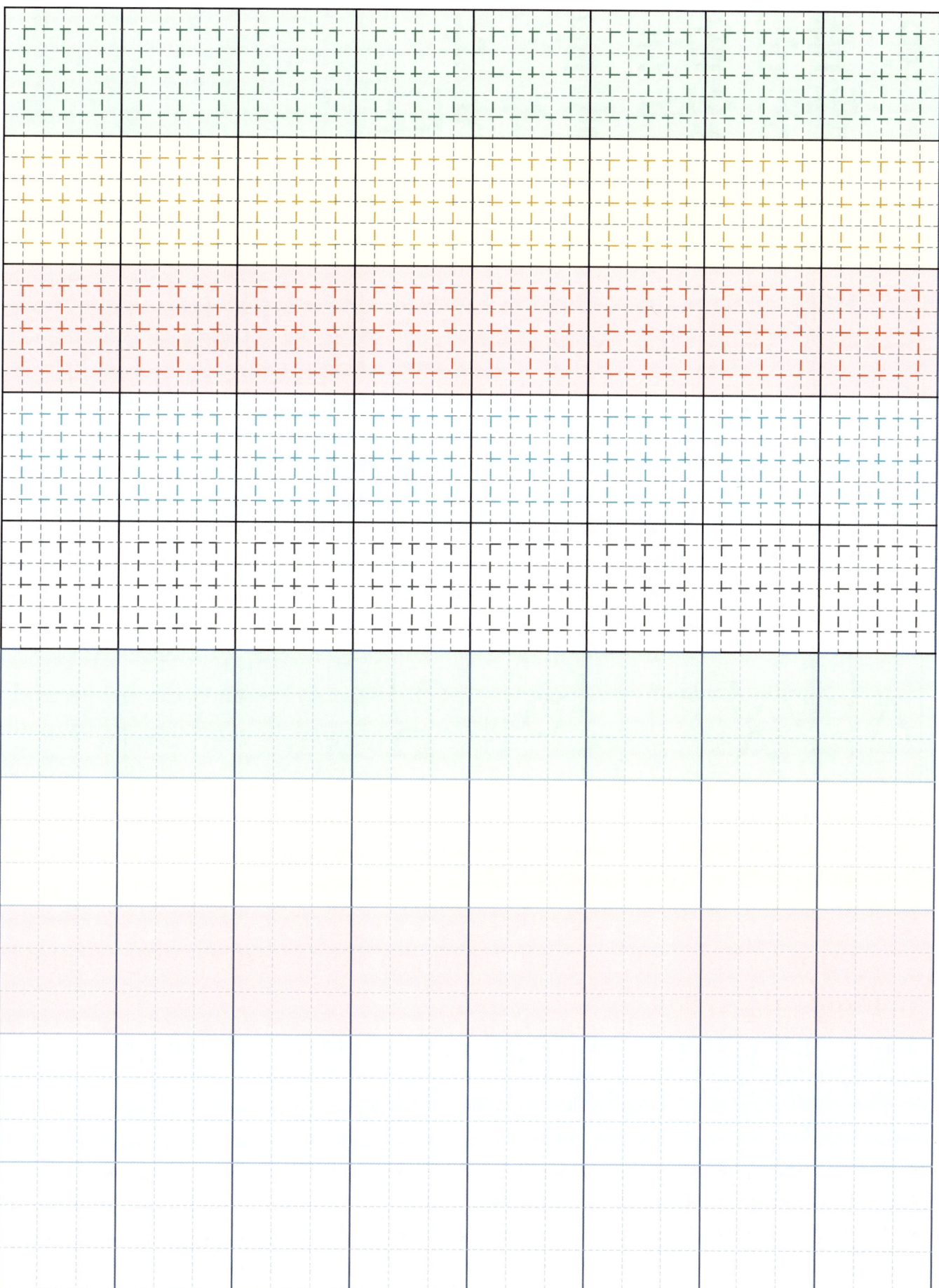

8. 받침 없는 글자와 받침 있는 글자 비교

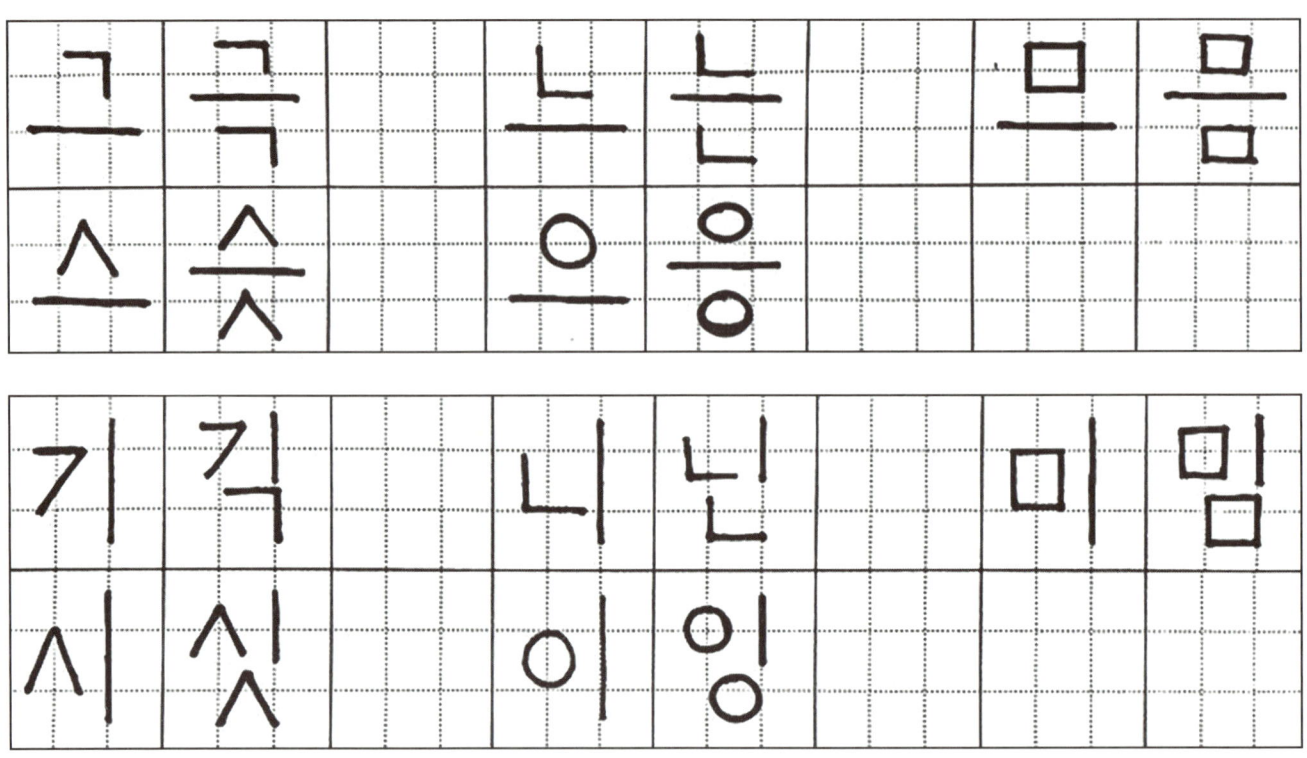

- 한글은 위에서 아래로, 왼쪽에서 오른쪽으로 씁니다.
- 'ㅣ' 모음 계열 받침 있는 글자 '긱, 닌, 밈, 싯, 잉'을 적을 때 세로 절반 위치에 '기, 니, 미, 시, 이'를 적고 나머지 절반 위치에 받침을 적습니다.
- 받침 위치를 잘 잡습니다. 받침은 기본적으로 정중앙에 적습니다.
- 위, 아래, 왼쪽, 오른쪽에 여백을 줍니다.

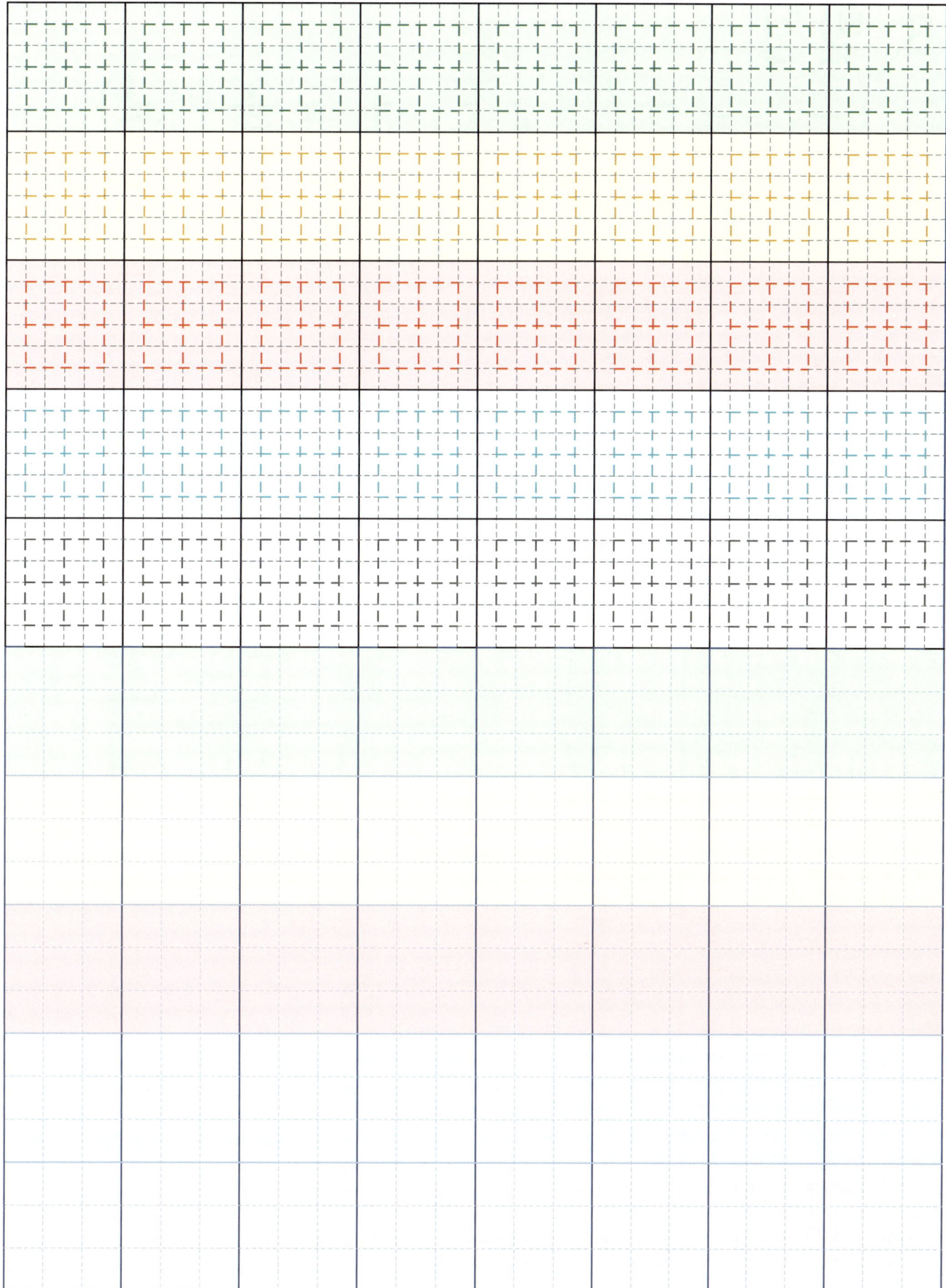

8. 받침
(ㅡ, ㅗ, ㅜ/ ㅣ, ㅏ, ㅓ 모음 비교)

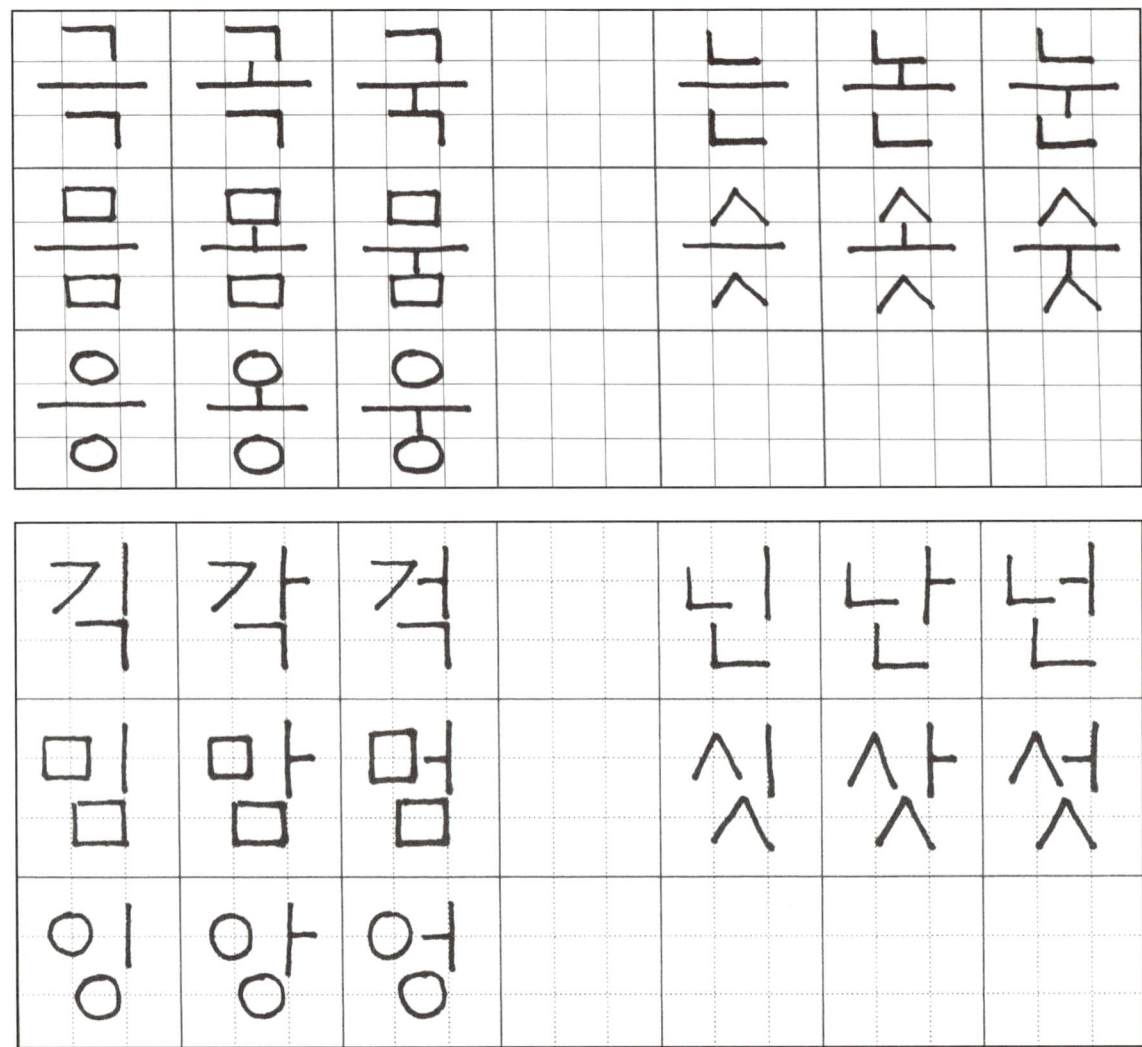

- 한글은 위에서 아래로, 왼쪽에서 오른쪽으로 씁니다.
- 'ㅡ' 모음을 중심으로 초성, 종성 위치를 잘 잡습니다.
- '곡, 눈, 몸, 옹'을 180도 돌렸을 때 '눈, 국, 뭄, 웅' 글자가 자연스러워야 합니다.
- 위, 아래, 왼쪽, 오른쪽 여백을 줍니다.

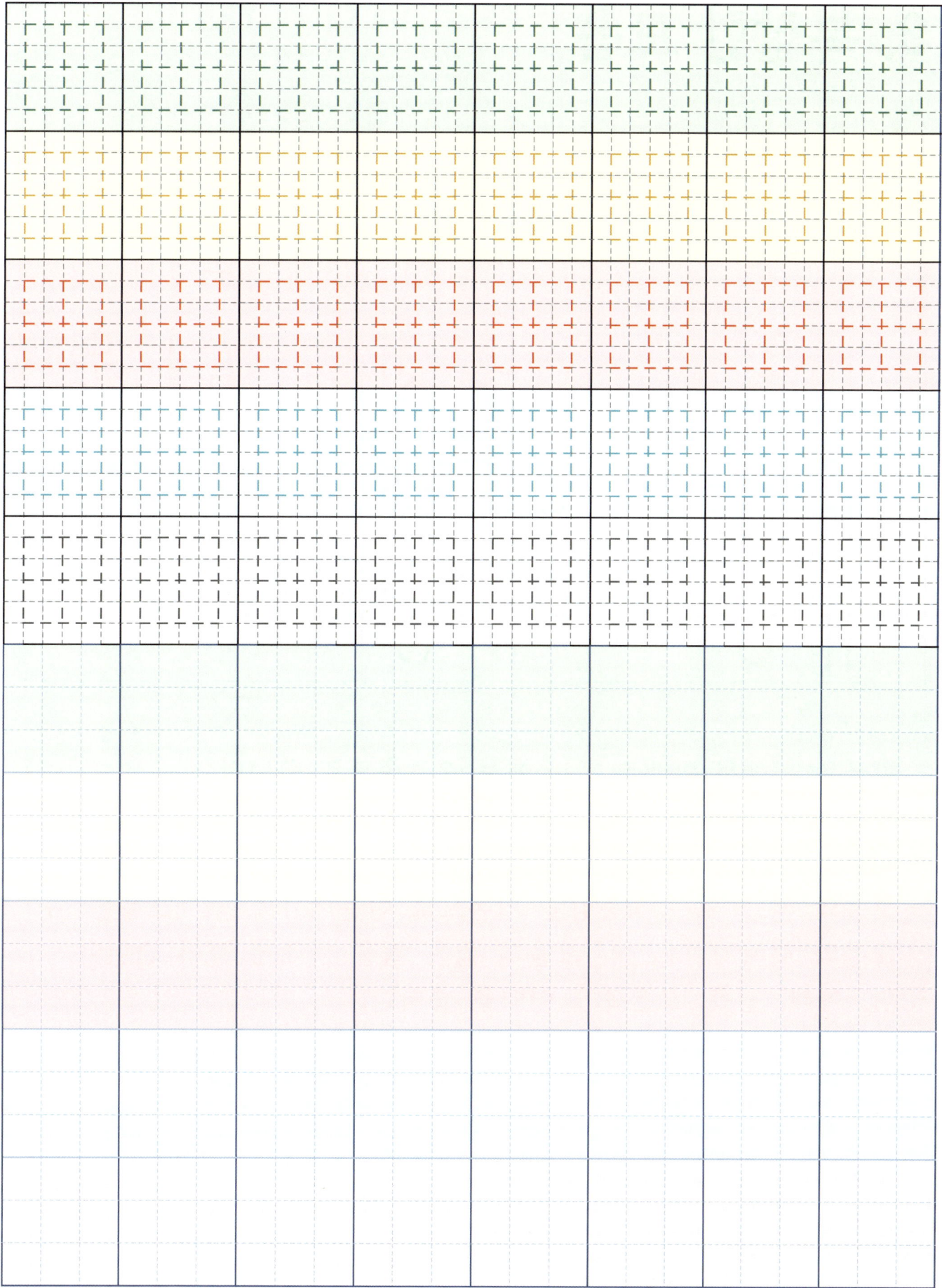

9. 복잡한 모음

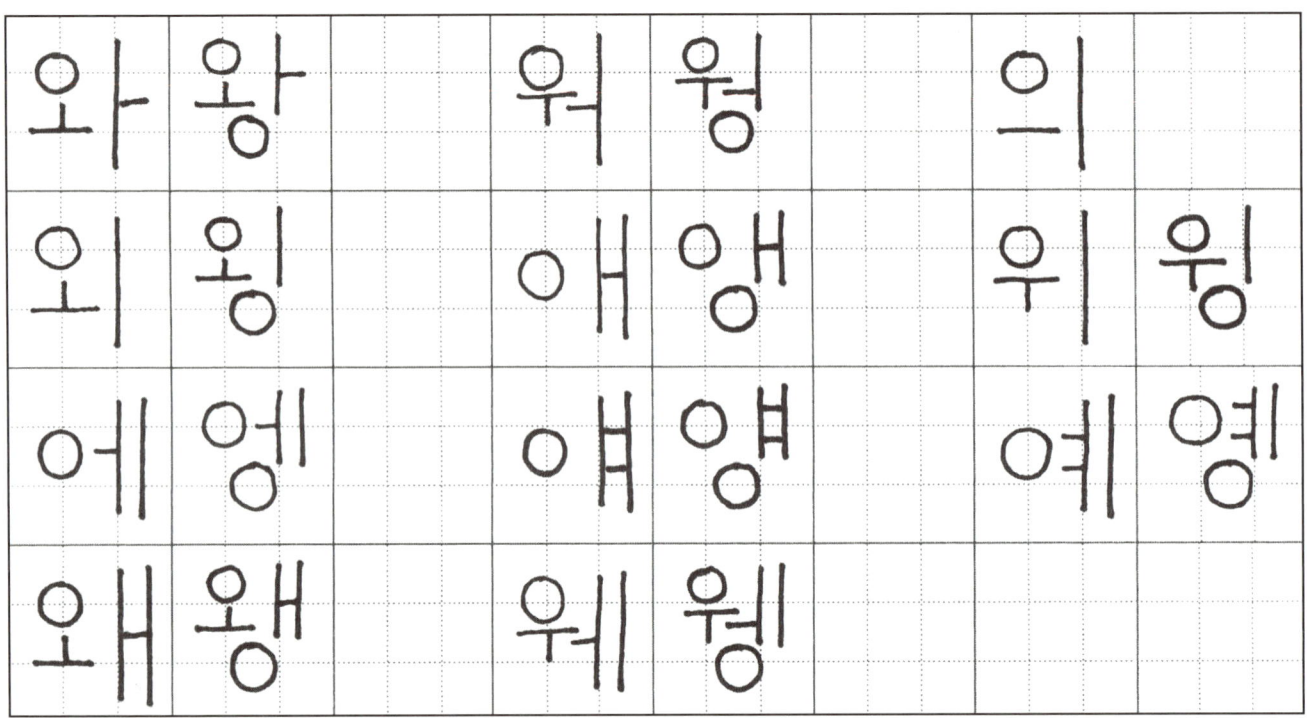

- 한글은 위에서 아래로, 왼쪽에서 오른쪽으로 씁니다.
- 받침 없는 글자와 받침 있는 글자를 비교해 가며 위치를 잘 잡습니다.
- 모음의 짧은 획은 정중앙을 기본으로 하는데 'ㅟ, ㅞ' 모음은 'ㅜ' 모음과 겹쳐져 'ㅓ, ㅔ' 모음의 짧은 획은 아래에 적어 줍니다.
- 위, 아래, 왼쪽, 오른쪽에 여백을 줍니다.

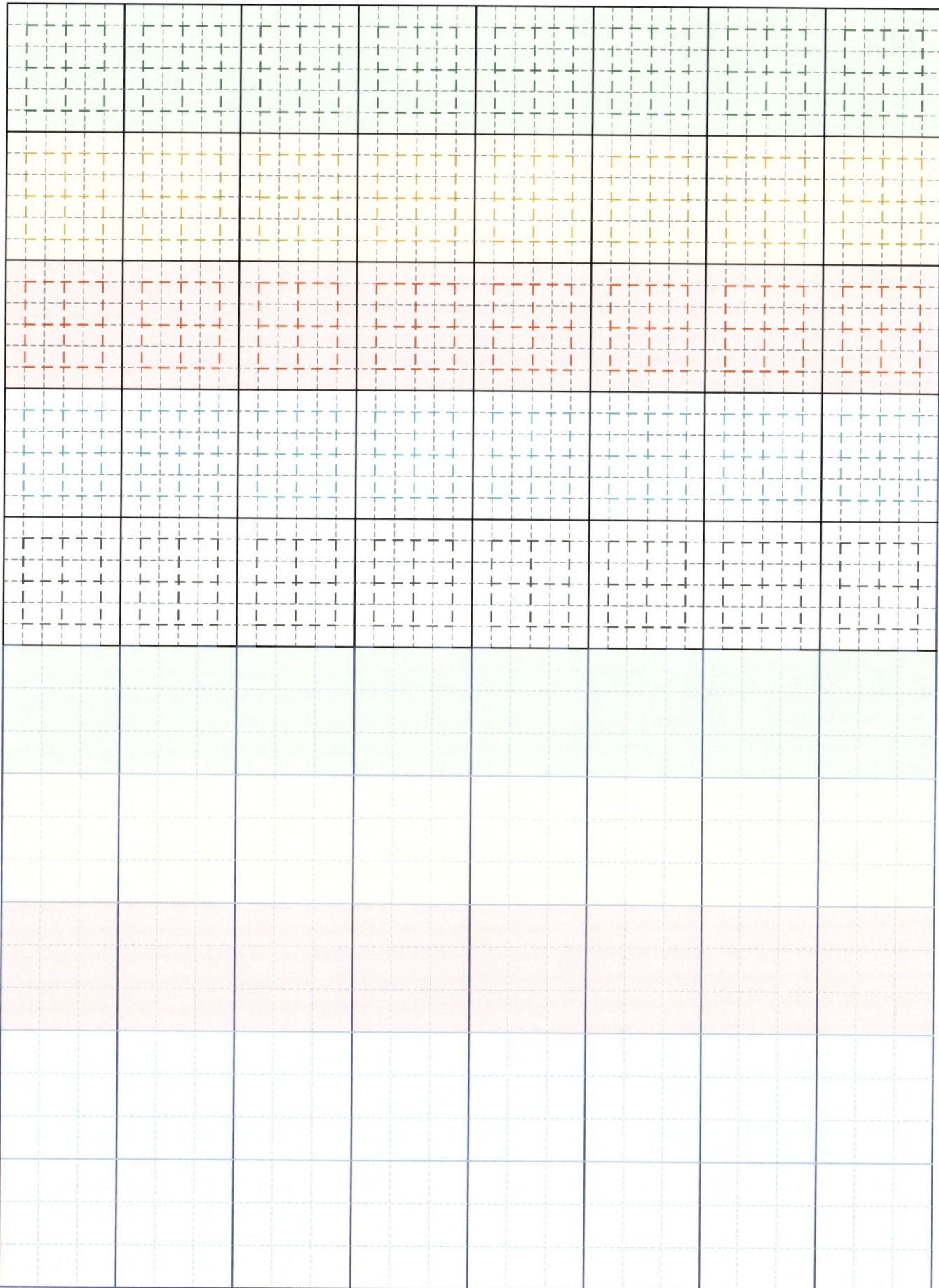

10. 겹받침

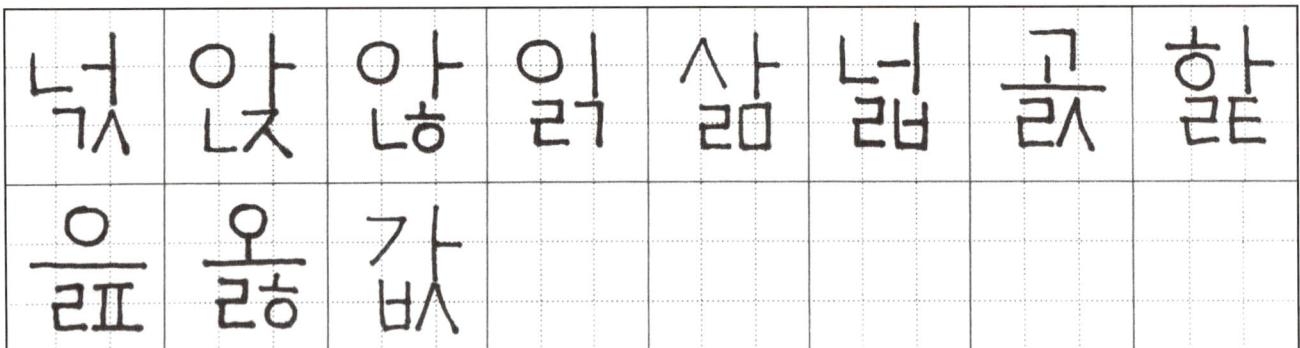

- 한글은 위에서 아래로, 왼쪽에서 오른쪽으로 씁니다.
- 겹받침은 기본적으로 정중앙에 위치합니다.
- 겹받침은 받침을 2개 적으므로 세로로 길쭉해집니다.
- 위, 아래, 왼쪽, 오른쪽에 여백을 줍니다.

11. 따라 쓰기

- 한글은 위에서 아래로, 왼쪽에서 오른쪽으로 씁니다.
- 낱말 – 문장 – 책 순서로 따라 씁니다.
- 낱말에서 문장으로 넘어 갈 때는 알고 있는 동요, 동시를 따라 쓰면 친숙하고 재미있어 합니다.
- 시중 판매 10칸 공책을 구입하여 좋아하는 책을 골라 매일 매일 꾸준히 따라 씁니다.
- 문장 부호, 띄어쓰기를 주의깊게 보며 따라 씁니다.
- 따라 쓰며 맞춤법을 정확히 알게 되고, 글을 쓸 때 따라 쓴 문장이 불쑥불쑥 생각나 비슷하게 쓰며 문장력이 길러집니다.
- 따라쓰기를 많이 하면 따로 받아쓰기를 하지 않아도 자연스레 맞춤법, 띄어쓰기, 문장 부호를 익히게 됩니다.
- 10칸 공책 따라쓰기는 5권 이상은 씁니다.

12. 색칠 하기

천지인(하늘, 땅, 사람)　　　　이름 _____

음양 (아래, 위)   이름 _____

음양 (그늘, 빛)　　　　　　　　　이름 _____

오행

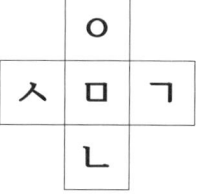

이름 _____

ㄱ:파랑	ㄴ:빨강	ㅁ:노랑	ㅅ:하양	ㅇ:검정
ㄱ:동	ㄴ:남	ㅁ:중앙	ㅅ:서	ㅇ:북
ㄱ:봄	ㄴ:여름	ㅁ:늦여름	ㅅ:가을	ㅇ:겨울

이름 _____

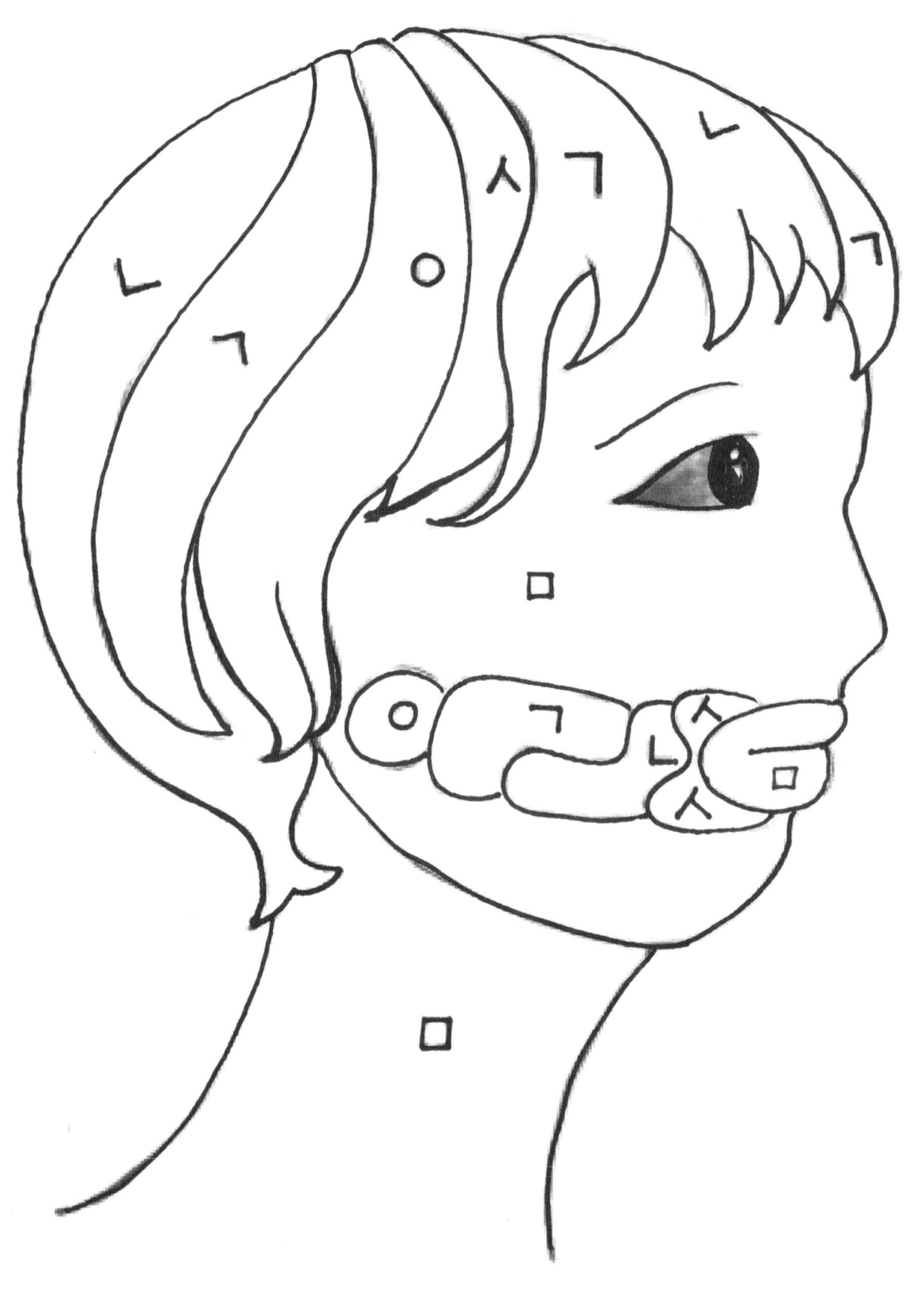

| ㄱ | | ㄴ | | ㅁ | | ㅅ | | ㅇ | |

이름 _____

| ㄱ | | ㄴ | | ㅁ | | ㅅ | | ㅇ | |

이름 _____

| ㅡ | ㅣ | ㅗ | ㅏ | ㅜ | ㅓ |

이름 _____

| ㅡ | ㅣ | ㅗ | ㅏ | ㅜ | ㅓ |

이름 _____

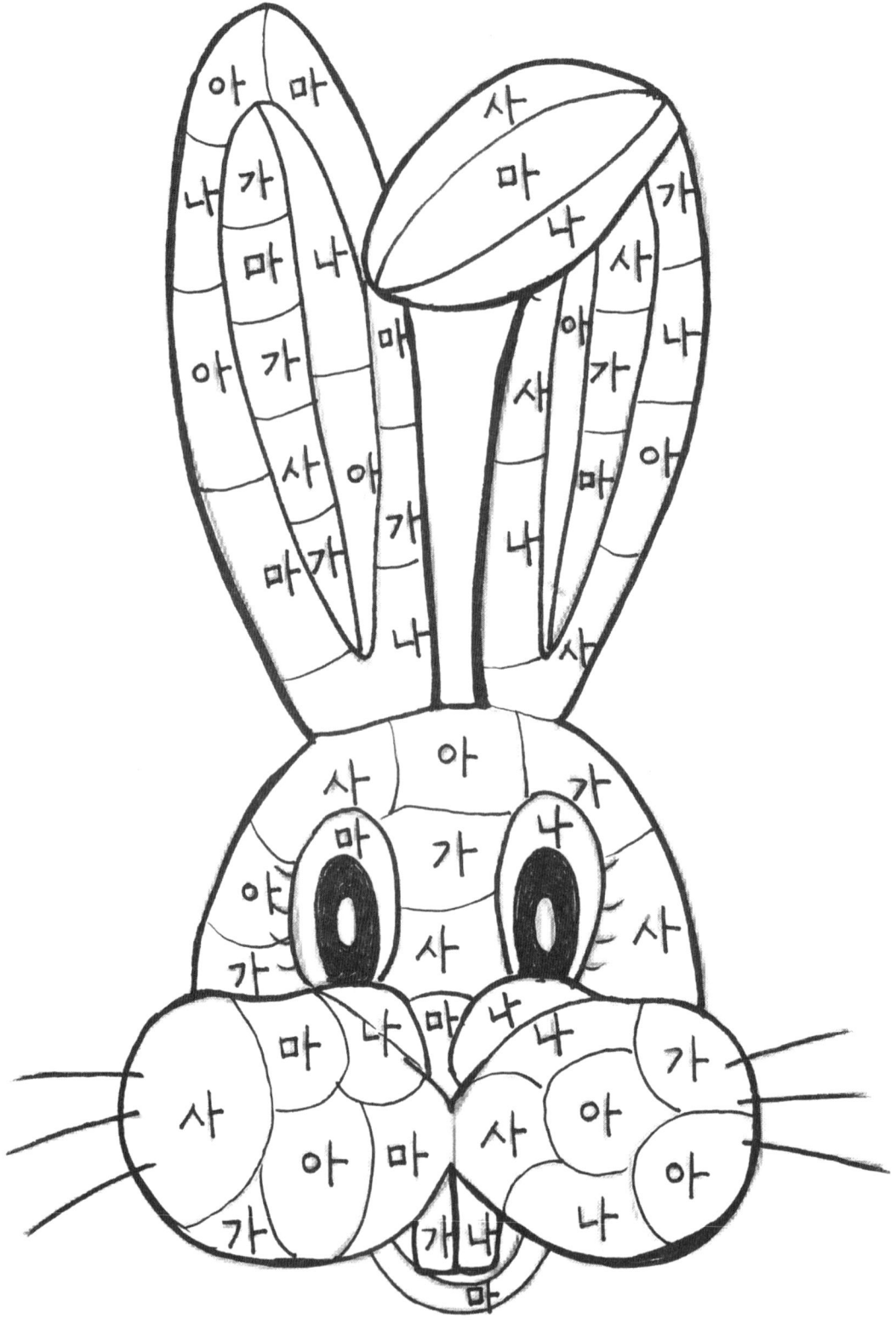

| 가 | 나 | 마 | 사 | 아 |

이름 _____

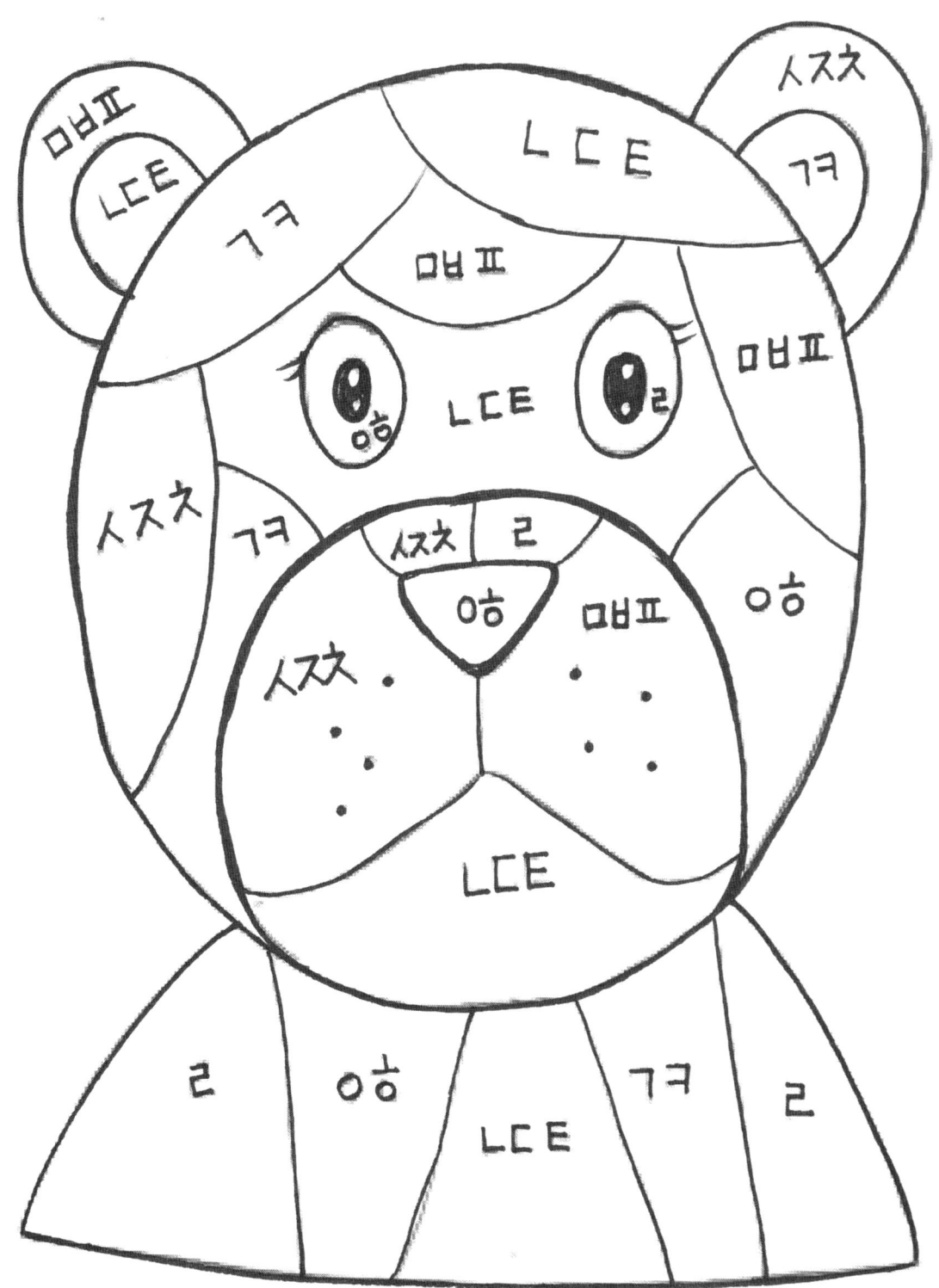

| ㄱㅋ | ㄴㄷㅌ | ㅁㅂㅍ | ㅅㅈㅊ | ㅇㅎ | ㄹ |

이름 _____

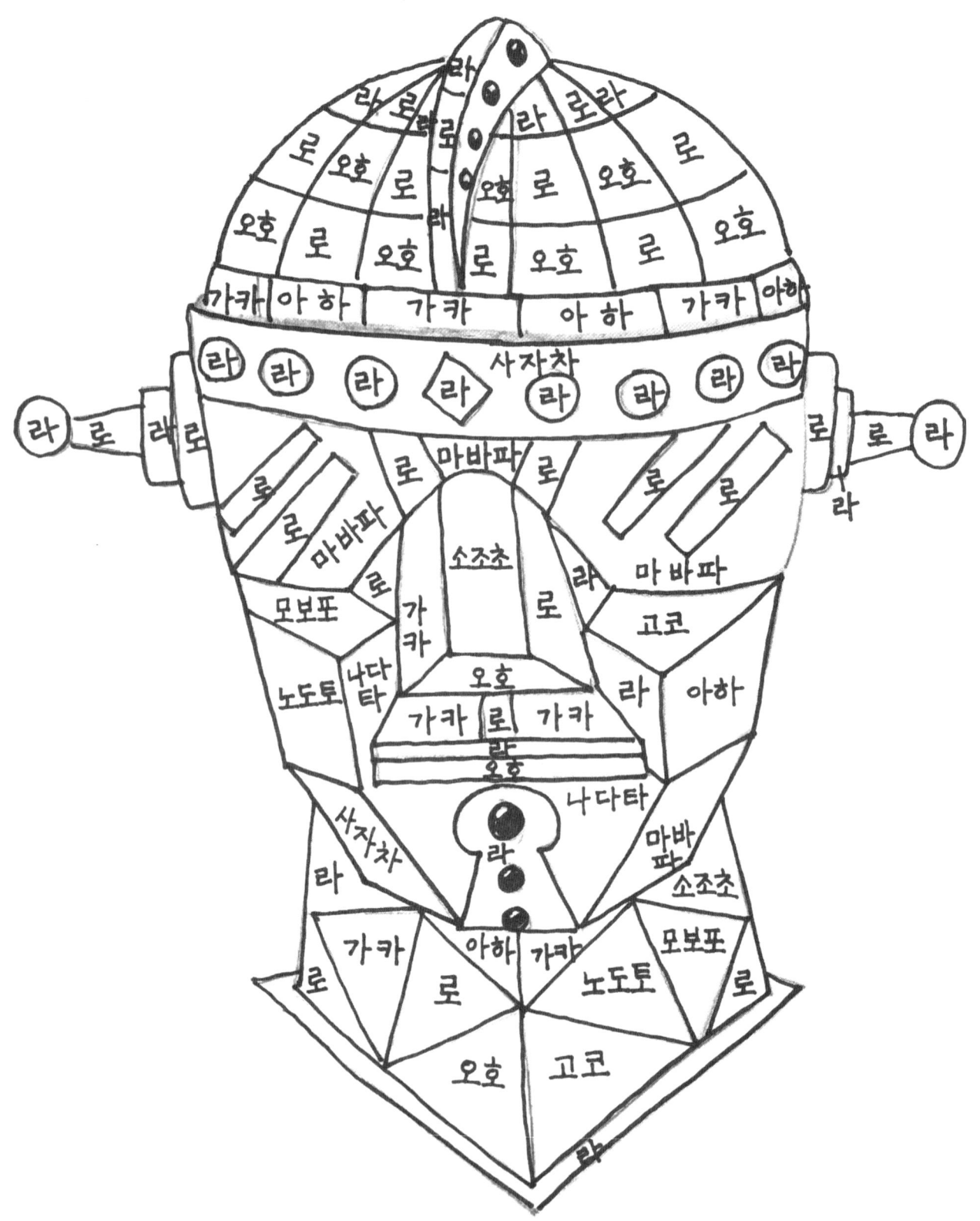

고코	노도토	모보포	소조초	오호	로
가카	나다타	마바파	사자차	아하	라

이름 _____

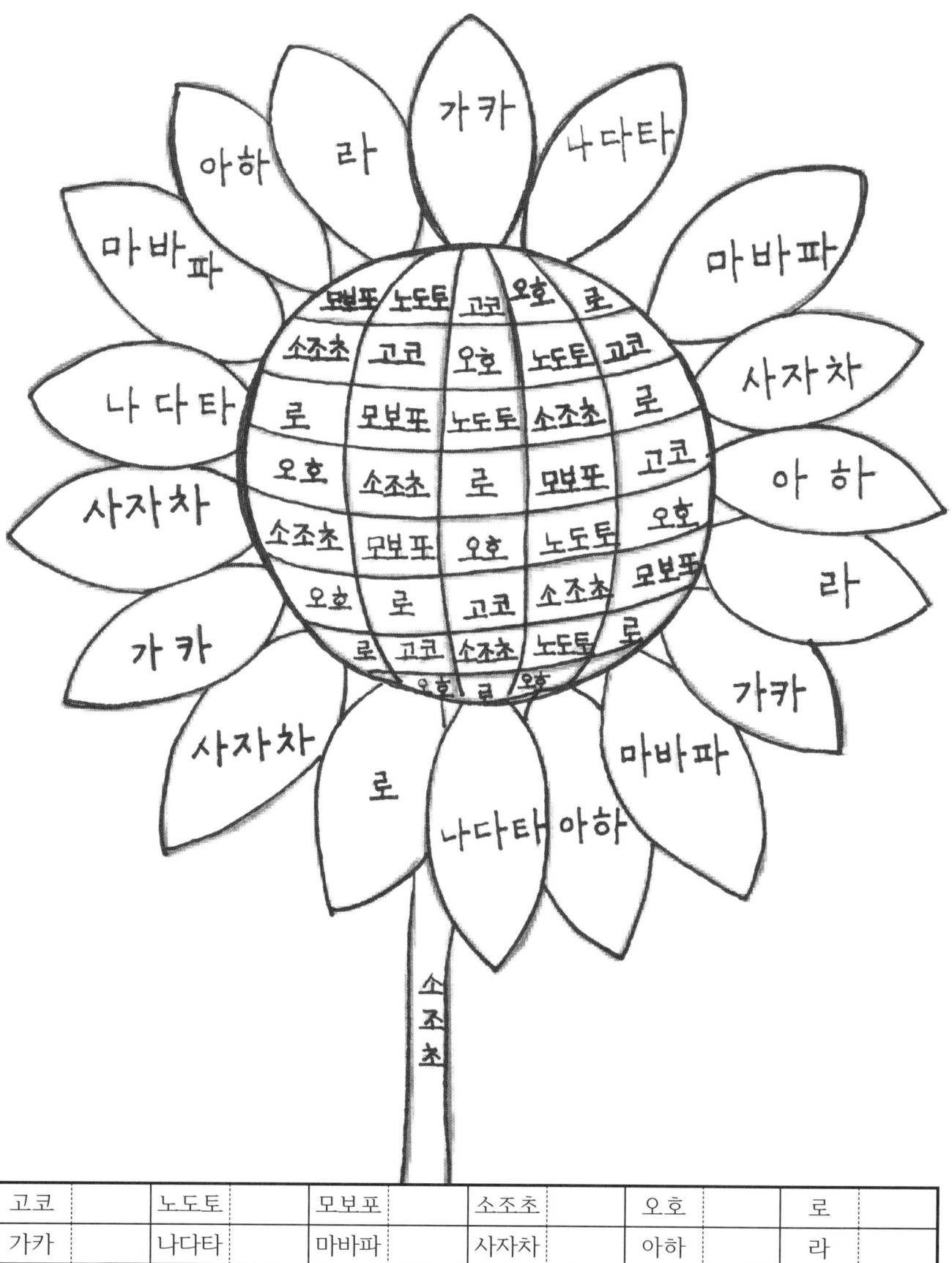

고코	노도토	모보포	소조초	오호	로
가카	나다타	마바파	사자차	아하	라

이름 _____

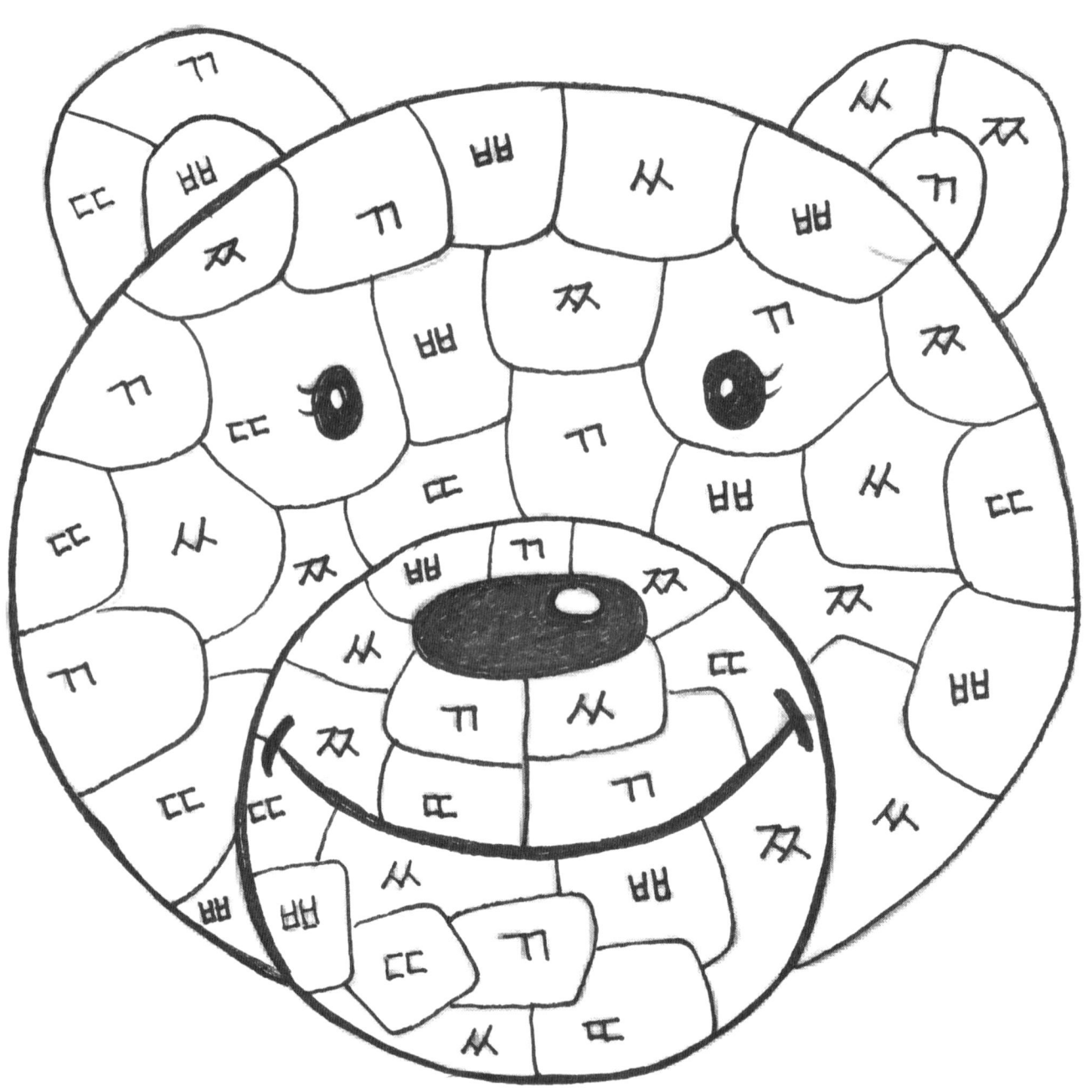

| ㄲ | ㄸ | ㅃ | ㅆ | ㅉ |

이름 _____

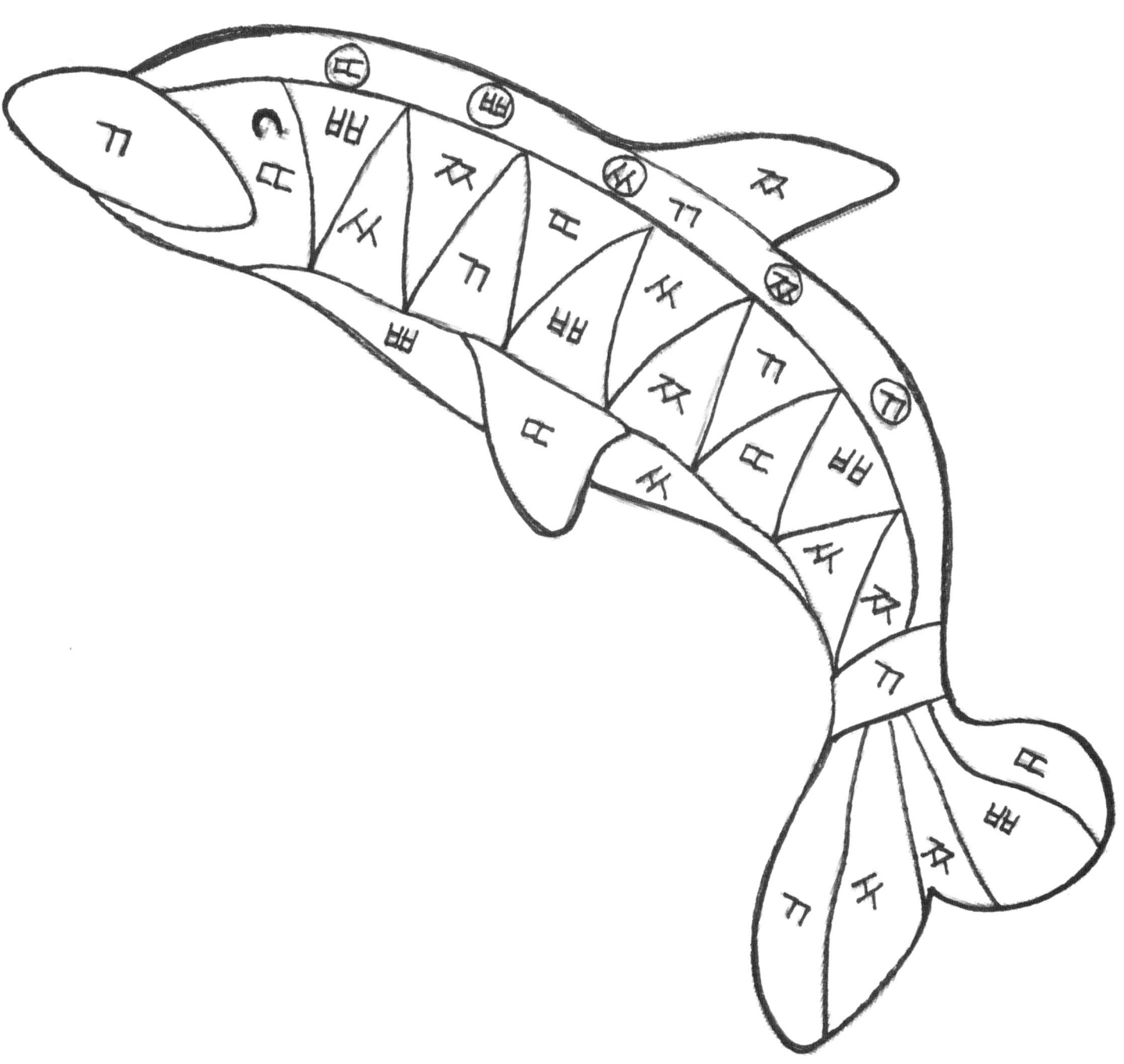

| ㄲ | ㄸ | ㅃ | ㅆ | ㅉ |

이름 _____

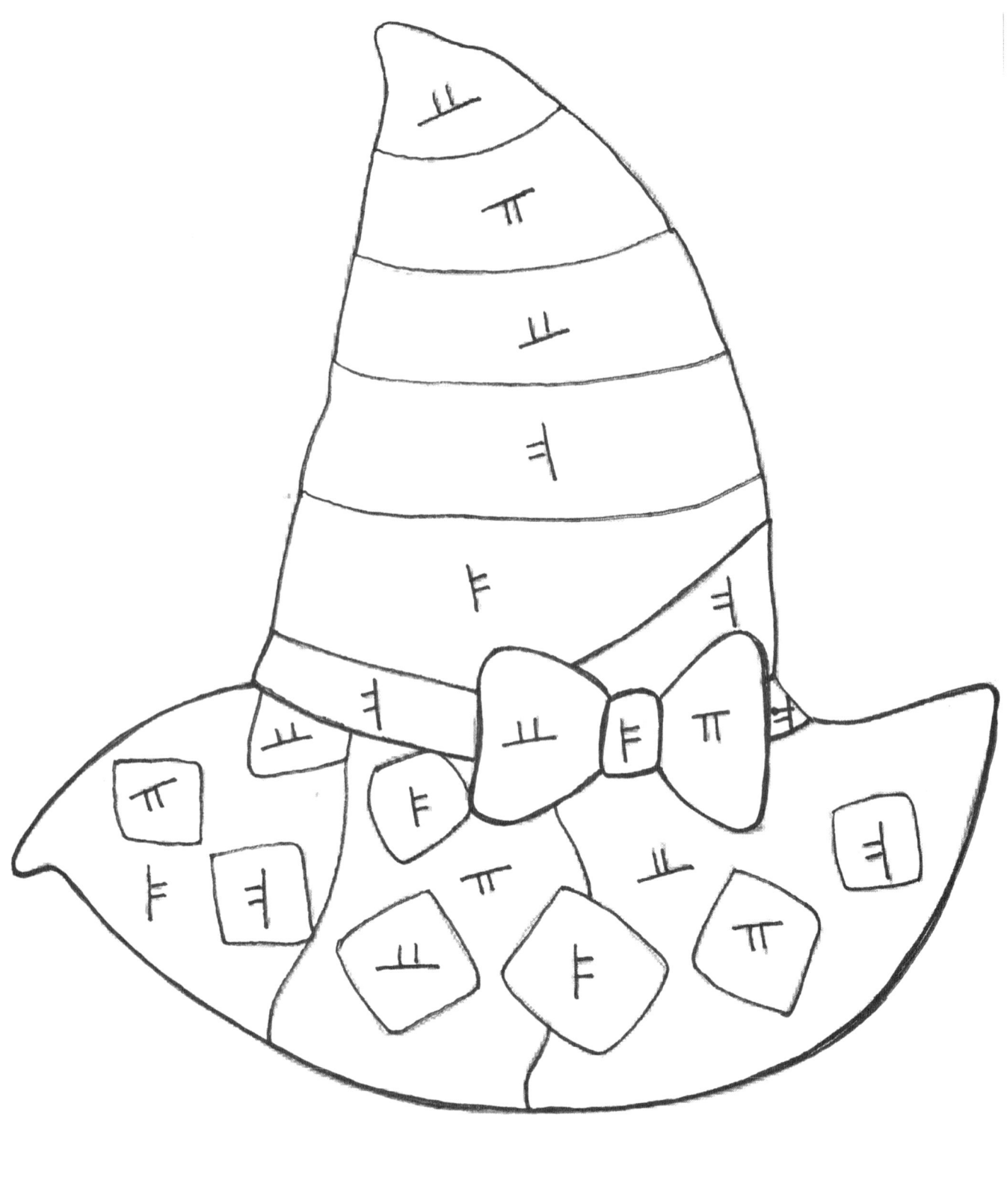

이름 _____

| ㅛ | ㅑ | ㅠ | ㅕ |

이름 _____

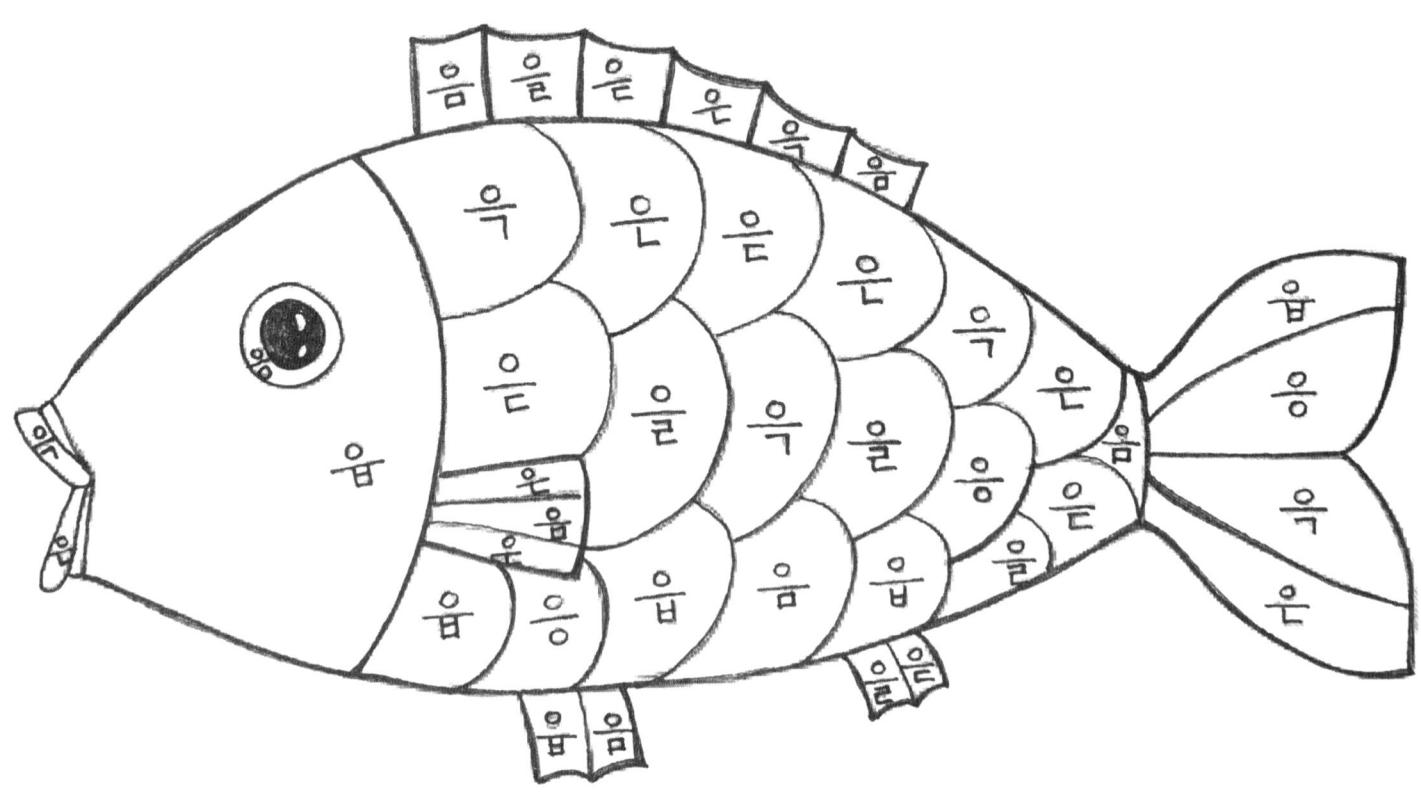

| 음 | 을 | 은 | 응 | 옥 | 읍 | 은 |

이름 _____

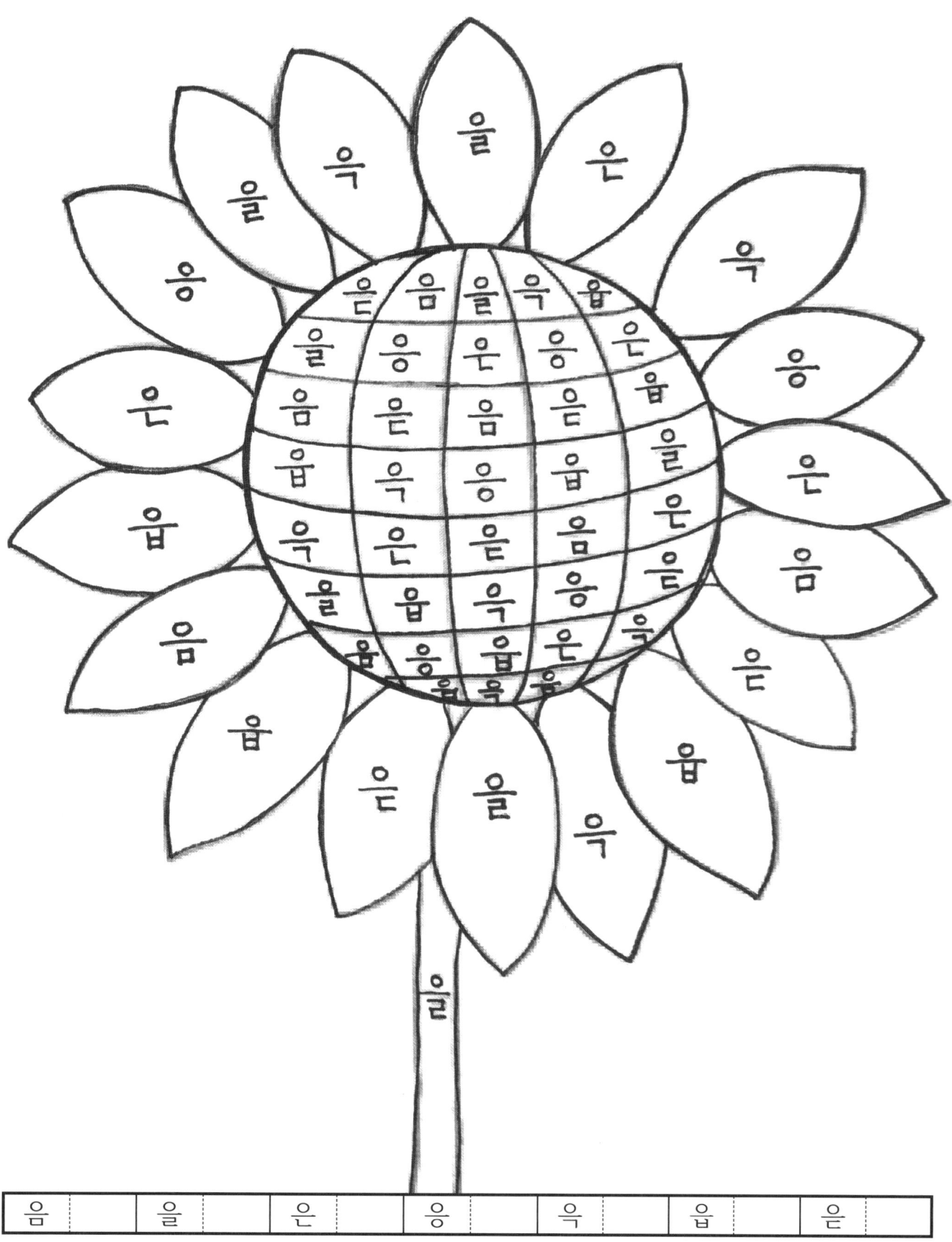

이름 _____

공	농	몽	송	옹
간	난	만	산	안

이름 _____

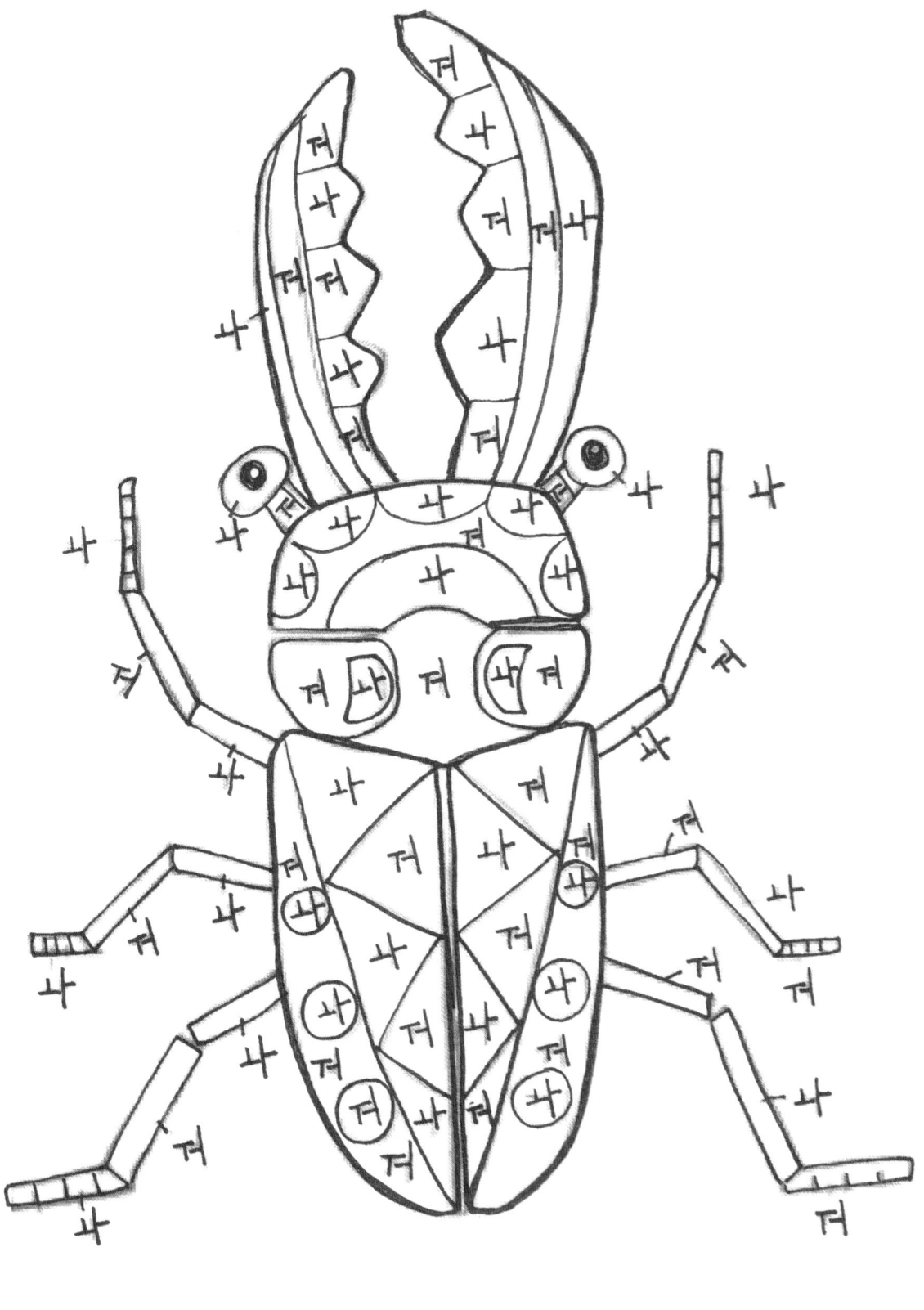

이름 _____

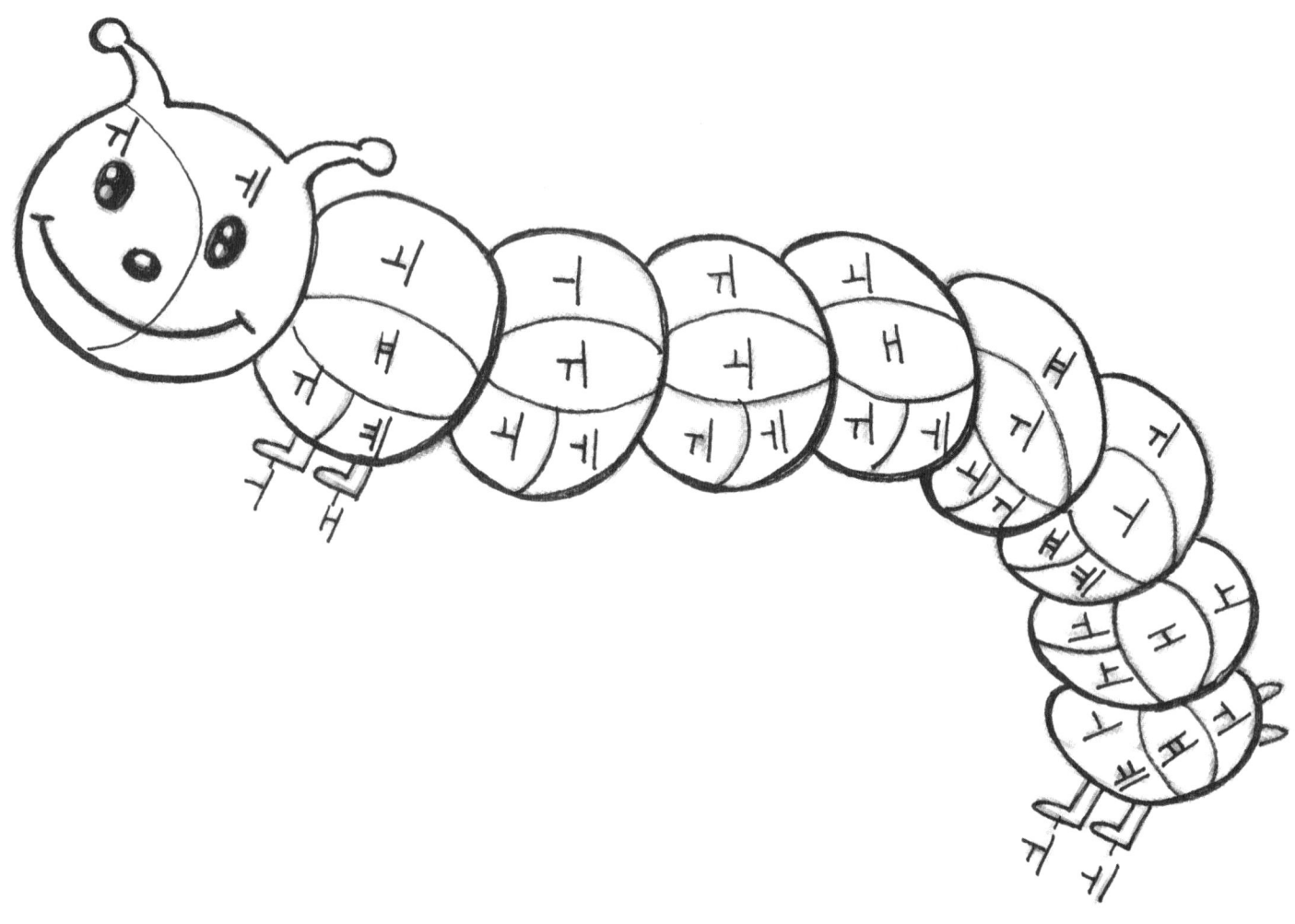

| ㅓ | ㅢ | ㅐ | ㅜ | ㅔ | ㅒ | ㅋ |

이름 _____

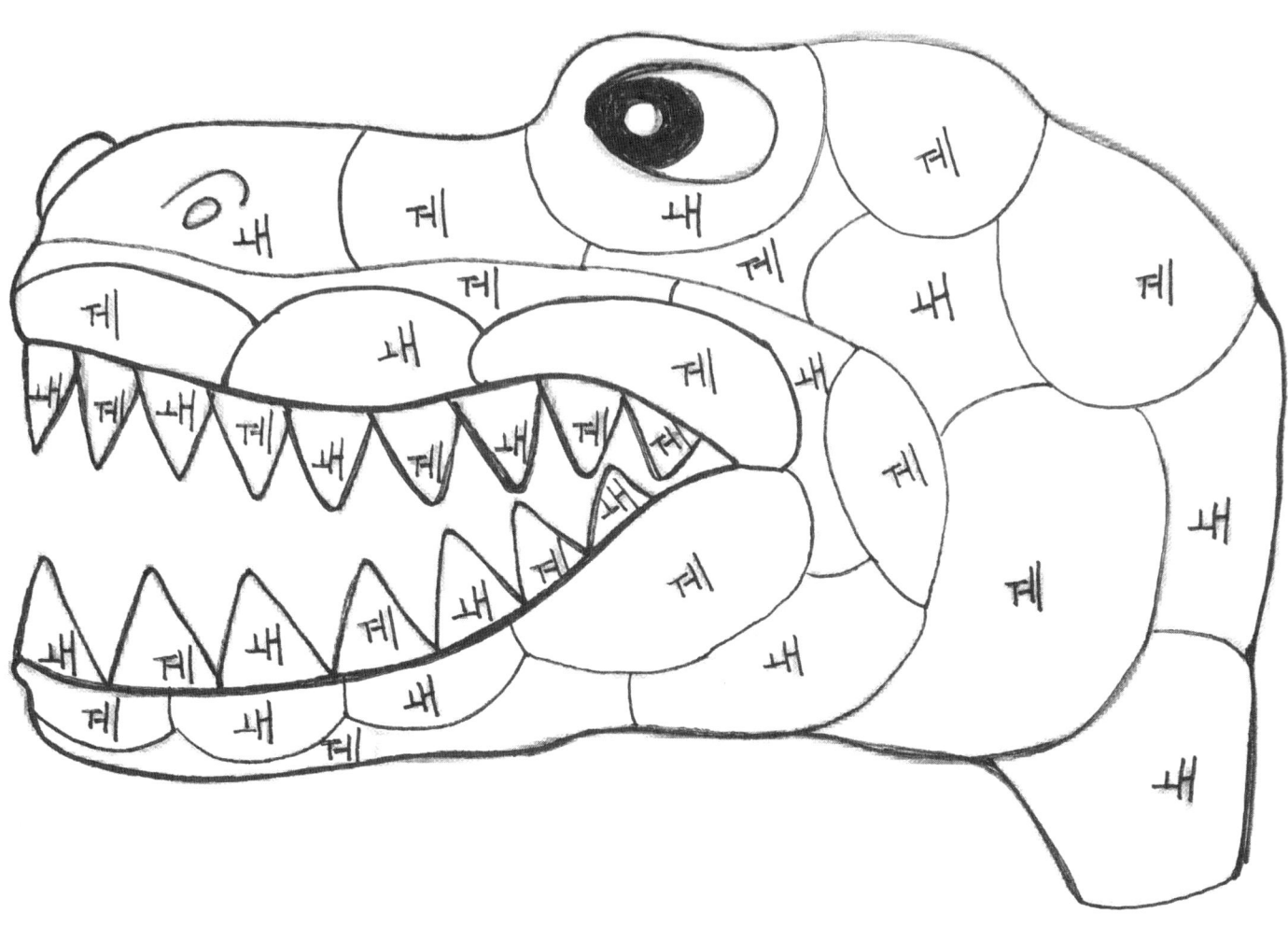

| 내 | 게 |

이름 _____

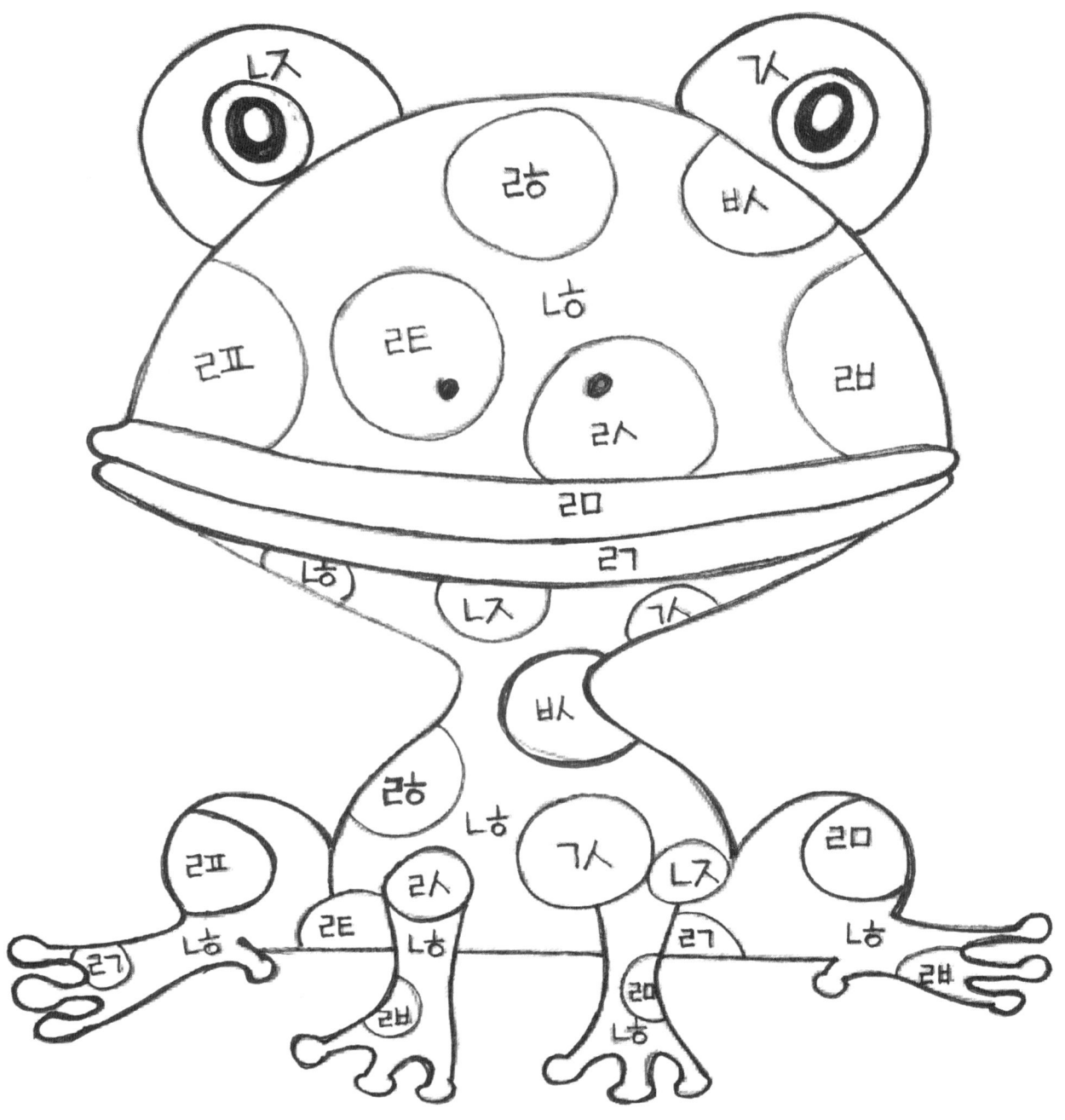

| ㄱㅅ | ㄴㅈ | ㄴㅎ | ㄹㄱ | ㄹㅁ | ㄹㅂ |
| ㄹㅅ | ㄹㅌ | ㄹㅍ | ㄹㅎ | ㅂㅅ | |

10일 한글
바른 글씨 쓰기

초판인쇄 2019년 12월 01일
초판발행 2019년 12월 01일
지은이 홍솔
펴낸이 조현주

펴낸곳 나무와가지 NAMU GAJI

출판등록 제 2014-000205호 (2014년 11월 07일)
주소 06782 서울특별시 서초구 논현로 11길 9, 303호(양재동, 드림빌리지)
전화번호 02-575-9579   팩스 02-583-3108
홈페이지 www.나무와가지.com   전자우편 namu-gaji@hanmail.net

기획, 편집 홍솔
그림지도 서인천 화백 (서인천 화실)
표지 디자인 조윤주 (컴퓨터 그래픽 디자이너)
인쇄 및 제본 서울문화인쇄

ISBN 979-11-968664-0-2 73710 값 10,000 원
* 이 책의 판권은 지은이와 나무와가지에 있습니다.
* 양측의 서면 동의 없는 무단 전재 및 복제를 금합니다.
* 잘못된 책은 바꿔드립니다